U0537100

耿相新 著

HANJI XICHUAN XINGJI

汉籍西传行记

中国书籍出版社
China Book Press

图书在版编目（CIP）数据

汉籍西传行记 / 耿相新著. -- 北京 : 中国书籍出版社, 2018.10

ISBN 978-7-5068-7028-3

Ⅰ. ①汉… Ⅱ. ①耿… Ⅲ. ①汉学—历史—西方国家 ②文化交流—文化史—中国、西方国家 Ⅳ. ①K207.8②K203

中国版本图书馆CIP数据核字（2018）第222579号

汉籍西传行记

耿相新 著

责任编辑 卢安然

责任印制 孙马飞 马 芝

封面设计 程 跃

出版发行 中国书籍出版社

地 址 北京市丰台区三路居路 97 号（邮编：100073）

电 话 （010）52257143（总编室） （010）52257140（发行部）

电子邮箱 eo@chinabp.com.cn

经 销 全国新华书店

印 刷 河北省三河市顺兴印务有限公司

开 本 880毫米 × 1230毫米 1/32

字 数 120千字

印 张 5.875

版 次 2018 年 10 月第 1 版 2018 年 10 月第 1 次印刷

书 号 ISBN 978-7-5068-7028-3

定 价 28.00 元

目录

欧藏中文文献散记

2012年10月2日　罗马

经过11个小时的空中阅读，终于来到了罗马。对于一个中国人来说，恺撒大帝与罗马帝国并没有什么可以怀念的，但是天主教的传教士们却是我们不能回避的话题，他们对明末以来的中国产生的影响至深至远。

传教士们给中国带来了什么？他们又给欧洲带回了什么？这座交流的桥梁充满了欲望，它是如何搭建的？几乎可以肯定，这座桥梁曾经坍塌过，他们为何要自毁坚固的础基？

文化很容易滑向傲慢。历史一再告诉我们这一点。我想追寻的是我们如何在历史的废墟上重新生长。在了解西方的同时，也要了解中国文化如何走向了西方。

2012年10月3日　晨4:00

时差带来了一段空闲的时间。现在可以安静地思考一下历史与现实了。

现实是我此时居于罗马郊外一所教堂学校一间不足10平方米的公寓里。因是夜里至此，周边是否古老便无从谈起，但在去披萨店的路上，还是可以嗅到她极具魅力的历史气息的。

历史，于我有时是目的，在我研究它的时间里。但，历史肯定不全是目的，未来才是。

意大利籍耶稣会士

意大利的名字和我在飞机上所阅读的书籍名字紧紧地联系在了一起。罗明坚（Michele Ruggier）、利玛窦（Matteo Ricci）、龙华民（Niccolo Longobardi）、郭居静（Lazarus Cattaneo）、熊三拔（Sabathin de Ursis，以《泰西水法》而知名）、艾儒略（Giulio Alèni，被誉为“西方孔子”，所著《西学凡》《职方外纪》颇有名）、毕方济（Francesco Samb）、潘国光（Frarcuis Brancati）、利类思（Ludovicus Buglio）、卫匡国（Martino Martini）等这些响亮的名字，陪我度过了漫长的空中之旅。我将手边的《在华耶稣会士列传及书目》与《梵蒂冈图书馆所藏汉籍目录》对读，让我更感受到了这些人的不凡之处与那些书的不凡之处。

以上这些人都是耶稣会士的杰出人物。罗明坚、利玛窦是开拓中国教区的先驱人物。尤其是利玛窦，他穿儒服、说流利汉语、写中文著作、绘世界地图、进鸣时钟等，这些“适应”政策敲开了古老中国的大门。利玛窦不仅是传教士，而且还是意大利首位杰出的汉学家。

其后的卫匡国在欧洲的影响主要来自三本书的出版。《鞑靼战纪》（*Debello Tartarico Historia*）记录了清兵入关并入主中原的历史。1654年，安特卫普出版，8开本、16开本；1654年，德国科隆出版，12开本；1654年、1655年，罗马出版，12开本；1667年，荷兰阿姆斯特丹出版，12开本；1667年，法国里昂出版，法文译本。由此书的多次再版，可见卫匡国这本书在欧洲的受欢迎程度。

卫匡国的《中国历史》一书1658年出版于慕尼黑，1692年被译成法文。而最有影响力的是他的《中国新地图志》（两卷，图17，附说明，171页，1655年，阿姆斯特丹出版），该书甫一出版，即被翻译成多国文字。

卫匡国（1614–1661），1643年明朝灭亡的前一年入华，他亲身经历了明清易代。1650年曾被选为会计员而重返罗马。《中国新地图志》就是在他返回途中于荷兰阿姆斯特丹出版的。1657年又返回中国，由此可见他对中国的倾心。无疑，卫匡国同样是意大利历史上的杰出汉学家之一。

稍晚一个时期的意大利人殷铎泽（Prosper Intoreetta,

1625–1696），随卫匡国同船于1659年入华。他的最大贡献是将《大学》《中庸》《论语》翻译成西文并于1687年在巴黎出版，书名为《中国哲学家孔子》。

天主教的耶稣会为沟通中西文化，不仅是筚路蓝缕的拓荒者，还是将交流引向深入的首倡者和推动者。上面所说的成就大多数是由意大利人完成的。

在耶稣会传教时期，马国贤（Matteo Ripa, 1682–1746）是传教士中最具有个性的一位。他主要在山东传教，并为试图解决灵与肉问题的勇敢实践者，同时又是最具觉悟要将中文语言学习放在欧洲的倡导者以及勇敢的实践者。他在那波利（Naples，又名那不勒斯）创办了中文学院，并带了一些中文图书与学生进入意大利。这些中文图书至今还藏在那波利大学，那波利大学图书馆至今仍是意大利藏中文图书最多的图书馆。目前，意大利汉学有三个重镇：罗马大学、那波利东方大学、威尼斯大学。而那波利东方大学就是马国贤1732年创办的，其前身名为中文大学，这是意大利最古老的汉学中心。关于对马国贤的兴趣，在前一段所写《〈三字经〉与西方传教士》一文中已经揭开序曲，但对他所办的中文语言学院以及他所带来的中文典籍，迄今还没有一个完整的概念。

意大利中文书籍主要集中在意大利国家图书馆。那波利东方大学图书馆也藏有马国贤带来的古籍。据意大利汉学家兰乔蒂说："威尼斯Fondazione Giorgio Cini的私人图书馆有大量的中国古典书籍和微缩胶片，ISMEO在罗马的图书馆收藏了大量中国书籍和微缩胶片。"而在二战结束时，兰乔蒂则说："藏书极其缺乏，在国家图书馆和梵蒂冈图书馆有一定的古典藏书，但对于严肃的汉学研究而言还远远不够。"

我的初步了解是，意大利国家图书馆所藏中国古籍并不多，而罗马最有特色、最有价值的文献则是传教士档案，这在世界上是独一无二的。

罗马耶稣会档案馆

罗马耶稣会档案馆（Archivum Romanum Societatis Jesu，缩写ARSJ）所藏文献最集中的是耶稣会的中心档案馆。耶稣会曾在全球建立了近百个传教会省，这些会省每年要向罗马总会提交"年度报告"，同时传教士个人还写了大量书信，以及对某个问题撰写的陈述性文字材料，这些几乎都是以手稿形式存留下来的。1773年，耶稣会一度解散，这些手稿则分藏各处，待耶稣会重新开始活动时，总会要求各分藏单位将这些手稿交给罗马总会，但有些藏家并没有严格执行，所以，至今罗马耶稣会档案馆所藏并非全部档案。但无论是数量还是质量，这个档案馆所藏文献无疑是最有价值的。

罗马耶稣会档案共分三部分：第一部分是1540年至1773年间的老修会档案，信件超过4000封；第二部分是1814年耶稣会恢复之后的档案，书信超过2000封，但其他档案材料超过前一时期；第三部分是耶稣会总会长档案，是各地传教士直报总会长的书信以及个人论著。还有一部分是一些返回罗马的传教士所携的当地出版的书籍，总量不大，涉及中文古籍有数百册，这部分书籍可进行重新整理，但不需要重新点校出版。为什么他们要携带这些书籍并将其献给总会长，则需要从书籍史角度、传教士角度与文化史角度进行综合考察与分析，也许这对于理解耶稣会的传教行为以及传教士的个人行为具有不可替代的研究价值。

罗马耶稣会档案馆所藏中文文献目录，已由美国旧金山大学陈伦绪（Albert Chan）著录，他所撰写的《罗马耶稣会档案馆中文书籍和资料（日本–中国卷1–4）：目录和介绍》（*Albert Chan.J.,Chinese Books and Documents Japonica-Sinica I-IV, in the Jesuit Archives in Rome:A Descriptive Catalongue, Armonk, NewYork,London:M.E.sharpe,2002*）一书已于2002年在纽约出版。该书所著录的出版物有580种，其余则是手稿。该书的出版对推动天主教的研究大有裨益，但如果从书籍史和出版史的角度去研究，对天主教的发展史则应换一个视角去理解、去审视、去阐释。

中国台湾自徐宗泽、方豪以来对耶稣会的研究颇为重视并学术传承赓续不断。这批档案材料方豪早就予以关注并加以利用，他所著《中国天主教人物志》中就引用不少档案文献。台湾利氏学社影印出版《耶稣会罗马档案馆明清天主教文献》（12册），就是近年来较成功地利用这批文献的成果之一。

上午9:15　余东　馆长马西尼

上午去拜访梵蒂冈图书馆，这是我们此次访问的目的之一。大象出版社自2008年开始即与北京外国语大学国际汉学研究中心商讨合作出版“梵蒂冈图书馆所藏中文文献”，这也是清史编纂委员会的一个重点资助项目。本次访问的主要目的就是要确定出版方式和合作方式。

梵蒂冈图书馆馆长马西尼（Federico Masini）和一位副馆长以及余东女士接待了我们。这个项目主持人为张西平教授和罗马大学的裴佐宁（Ambrogion Piazzoni）教授及马西尼三人。本套书分三辑出版，总计大约在400册。梵蒂冈图书馆方所关心的主要是强调梵蒂冈与大象出版社共同出版，封面、版权页、署名要共同决定。

梵蒂冈图书馆

会后我们参观了梵蒂冈图书馆。“该馆是从15世纪开始修建的。1475年开始对学者开放，之前是教皇私人藏书之所，主要收藏手稿。”我们先进入一个过厅，厅顶上的油画与书均有关系，绘有两个造纸作坊。入门进入正厅，是由西斯廷五世建造的，由六根方柱支撑，大约1000平方米，是非宗教场所中面积最大的。

左边一面墙绘的是有关图书馆的历史。绘有摩西、亚历山大、梵蒂冈早期图书馆等。右边的墙上画了主教历次会议。柱子上画的是当时认为的文字发明人，有传说中发明希腊文的神、发明俄文的人以及希腊的哲学家。

穹顶四周边沿是当年罗马的景观，其绘画与当年教宗活动均有关系。当时圣彼得大教堂建筑还没有穹顶，方尖塔还未建，建筑师向教宗献上建筑方案的油画放在入门右手的墙上。

我们参观完阅览室大厅后，余东女士带我们去任大援先生扫描书籍的工作间，那里十分简陋，但配备的照相机与扫描设备却是十分先进的。随后，我们抵达梵蒂冈图书馆的镇馆之宝处，在一个玻璃柜内放置着一册早期的手写本的精装《圣经》，一册立在下层，一册打开放在柜子的上层。我不知道书写材料是纸还是羊皮，但从其参差不齐的书口看，似是纸张材料。向前走到另两件镇馆之宝前，在一个门口的两侧墙壁上分别挂着两巨幅木版雕印图，一幅是南怀仁（Ferdinand Verbiest, 1623–1688）的《坤舆图说》，1672年刻于北京，托裱在绢上，当时是先印于纸上后再装裱的。另一幅是汤若望（Johann Adam Schall Von Bell, 1591–1666）的《星图》（费赖之译为《赤道南北两总星图》），尺幅与《坤舆图说》相同，也是先分栏雕印于纸上，再托裱于绢上。据余东女士讲，馆内还藏有一幅手绘于绢上的彩色星图，星空绘成蓝色，十分壮阔绚丽。这两幅原图均是裸挂于墙上，今年才装框保护。

参观之后，我提议出去购书，想逛逛书店，一则是看看有没有馆史之类的书籍，再则是看看有没有书籍史方面的画册。余东女士领我们到一楼购书处，在过道的台上放了一本梵蒂冈所出版的图书目录，并没有书籍实物。询余东得知她自己编有一本《梵蒂冈图书馆馆藏早期传教士中文文献目录（十六至十八世纪）》，于是决定买下，并请余东女士签名留念。另购一册梵蒂冈馆史，这是一套书，目前仅出版第一卷，书名为*Leorigini Della Biblionteca Vaticana Traumanesimo E Rinascimento*（1447–1534），2010年版。该书所叙内容当是梵蒂冈教宗个人藏书时期。

中午邀余东女士一起到中餐馆吃饭，得知余东女士是中国人，武汉大学图书馆系毕业。她是梵蒂冈图书馆正式工作人员，已在梵蒂冈工作20年，那里所有中文文献都经过她整理，当是这批文献的保护神。我们这次的出版项目她也立下汗马功劳，令人钦佩。我借机又请教了一些问题：一是终于清楚傅圣泽（Tean Francois Foucquet, 1665–1741）自中国带往西方的中文书籍现在均藏在梵蒂冈图书馆，有文献记载称傅圣泽之书有一部分藏在巴黎国家图书馆，也有人认为他将书携至罗马耶稣会传信部（因他自中国返回后一直供职于传信部，直到去世），在这里他接受了主教一职，还有人猜测他与耶稣会脱离了关系。经询问余东女士方得知，傅圣泽的中文书及手稿在他去世后均一并转交给梵蒂冈图书馆。这一疑点，当拨清于后人。二是经询问余东女士获知伯希和（Paul Pelliot, 1878–1945）编目之第一部分巴尔贝里尼·奥里斯（Barberini Orient）原是一位出版商，梵蒂冈聘他出版一些书籍。当时各省区传教士寄来或带来的书有时会先让他过目，他时而会将珍贵的书留下，这部分是来自他的藏书。伯希和编目第二、第三部分波吉亚·西尼斯（Borgia Siamese）原是梵蒂冈的书籍或者文献登记员，各地所交书均经过他们之手，伯希和编目登记时误将他们的名字写入捐赠或他们个人的藏书，这是一种误解。三是关于《清明上河图》的疑问，这个摹本一直由清代一位皇子（不知姓名）收藏，其前印鉴较多，但据其中一题说是北宋末年临摹，余东女士推测当不是张择端的真品，而属于更晚时期的一个摹本。余东女士应张西平先生之约，会将梵蒂冈所藏中文书籍之来源写一专文放在《梵蒂冈藏中文文献》书前作为前言，当以余东女士的考证文字为准。

下午3:00，我们乘火车自罗马抵米兰。行程时间为2小时50分。车上，张西平教授谈到荷兰出版商布里尔出版社对整理出版中文文献十分热心，他们已经出版了（用微缩胶片形式）部分中文档案文献。北京外国语大学已经购买了他们整套的胶片。这家公司在北京、上海设有办事处。从出版的角度我们应当成为合作伙伴，我们可以将他们出版的胶片还原为纸质，在国内销售。同时，我们也可以将藏于中国的关于欧洲主题的档案文献整理出版，与布里尔出版社合作。这次欧藏会议他们也将派人参加，并承诺出版本次会议的论文集。

荷兰早期汉学

荷兰虽然是个小国，但其出版业却十分发达，在欧洲享有盛誉。目前活跃于中国的数字出版商爱思维尔就是一家非常值得尊敬的出版同行。荷兰出版汉学或者中国主题的书籍，由来已久。阿姆斯特丹曾在1655年出版过卫匡国的《中国新地图志》二卷。布里尔出版社对推动荷兰汉学研究做出了巨大贡献。荷兰汉学发端于17世纪，丁·赫尔尼俄斯1628年出版过《汉荷词典》。服务于荷兰东印度公司的J.J. 霍夫曼博士曾教授荷兰汉学之父古斯塔夫·史莱格（1840–1905）学习中文。1873年，史莱格在荷兰被莱顿大学聘为中国研究教席，1875年被聘为“特邀教授”，1878年转为教授。其后，史莱格在莱顿大学研究汉学长达25年（1876–1902）。这位荷兰汉学巨匠与布里尔出版社结下了不解之缘。史莱格为了印刷自己的《中国星相学》一书，将他的老师霍夫曼买的一套早已不用的中国活字印刷字模引入布里尔出版社，并亲自动手向印刷工讲解使用方法。他所培养的印刷排版工尽管对汉字一窍不通，但却能“迅速地利用216个中文部首进行排字”，以致伯希和讥讽他培养这些排版工“或许是他做过的最出色的工作”。荷兰莱顿大学历史系教授包罗史指出：“1875年史莱格的《中国星相学》印刷出版后，牢固地树立了布里尔的声望，使之成为印刷中国出版物的首屈一指的欧洲出版商。”布里尔出版社在1882–1891年间出版了史莱格另一本巨著《荷汉词典》，其间他们还出版了致力于研究东亚历史、语言、地理和艺术的《通报》，直到今天，布里尔还在坚持出版这本杂志。由此可见，布里尔出版社作为欧洲出版汉学书籍的重镇用实至名归去形容是绝不为过的。

2012年10月4日　凌晨4:40 米兰

意大利在欧洲一直以“发现中国”而自居。马可·波罗（Marco Polo, 约1254–1324）、利玛窦在国际上享有盛誉。在中国，马可·波罗与足球同样是意大利的代名词。而米兰，这座意大利第二大城市，则以AC米兰足球队被中国人记住。

米兰的汉学研究远不及罗马、那波利、威尼斯，但在意大利仍居有一席之地，在大学中除设有副教授、讲师席位教授学生学习汉语外，“意大利远东研究会（ISMEO）”在米兰（另一城市为罗马）主办有三年和五年的汉语口语和中国文化课程。近年来，汉语学习在米兰也更加活跃。中国的影响力也逐步扩展至这座城市。

华夏文明数字图书馆

这次我们访问欧洲图书馆，并与部分图书馆洽谈合作项目，本意是与去年所报项目“华夏文明全媒体工程”有关。

当时主旨是想按不同语种将各语种研究中国的书籍以及其他文献材料，整合到一个数字图书馆里，以方便中国学者研究，同时也为国外的不同国家的汉学家们研究中国提供资料帮助。经过这次欧洲之行与前一年的持续关注和研究，目前我认为已经进入到了深入并可实现的操作阶段。这一沟通中外的数字图书馆桥梁，早在20世纪就已有很好的书目基础。英国伟烈亚力（Alexander Wylie,1815–1887）曾于1867年在上海出版过一本《中国文献纪要》（也称《汉学书目》），主要收录西方所译中文典籍书目兼及著作、论文，但这个书目很快被法国人考狄（Henri Cordier, 1849–1925）所编的《汉学书目》覆盖。考狄于1881年至1885年出版了西方论述中国的各种出版物的书目《汉学书目》第一版（包括图书与文章），全部是法文，1893年、1925年又分别出版了修订补编本，将1924年之前的论著几乎收罗殆尽，之后还有修订与再版，这是迄今为止了解早期至20世纪初西方汉学研究中国文献必须参考的工具书。之后，曾任北京图书馆馆长的袁同礼又续编了《汉学书目》，收论著时间下限为1954年，这本书目与考狄书目同样成为了解与整理西方汉学成果的必备工具书。以此为基础可以邀约专家对各语种书籍与文章进行分类整理，这将构成华夏文明数字图书馆的基础文献。下一步则可以约请学者、专家编纂《汉学书目》的续编，可以一直续至2020年。这个工程无疑十分浩大，但如果实施将有功于世界学者。

我们关注并已启动的另一方向是搜集各国——主要是法国、英国、美国、日本、俄罗斯、德国、意大利、韩国等国所藏中国文献、中国书籍目录，将各大图书馆所藏中国主题目录汇集、归集并进行分类比较研究，最终编制一套《海外藏中国文献总目》，编制各种索引，以方便各国学者研究之用。这一工程的基础是首先据现有书目进行整理，其次是支持、资助各种编目工作，与馆方展开紧密合作，寻找一种方法互赢互利互惠地实施。目前，我购有《哈佛燕京大学馆藏中国善本书目》《多伦多大学图书馆藏中文古籍目录》《日本藏汉籍目录汇编》《西班牙图书馆藏中国古籍目录》《俄罗斯藏中国文献目录》《梵蒂冈图书馆藏汉籍目录》等书籍，下一阶段将集中精力购藏其他国家所编中文目录以及其他文字写成的目录，为进一步的研究奠定基础。

法国巴黎外方传教会档案馆已编制好一本关于中国文献的目录，尚未出版，可洽谈出版事宜。慕尼黑巴伐利亚图书馆编有一套8卷本中国文献书目、柏林国家图书馆编有一套12卷本中文书目。英国的马礼逊藏书目录已于前段时间邮购，同时大英图书馆所编的中国艺术品收藏目录也当于回国后购买。此外，北京国家图书馆藏有大量西文馆藏目录，有时间将去拜访并查阅。

米兰昂布罗修图书馆

我们上午去拜访昂布罗修图书馆（Biblioteca Ambrosiana），由夏慕华女士接待并解说。

这座图书馆17世纪时是米兰主教费德里安·波罗缪（Cardinal Federico Borromeo）创建的艺术学院，因此藏有较多的画家艺术品原作。最让馆方自豪的是他们藏有达·芬奇的全部手稿，达·芬奇在这座图书馆工作多年，阅览书籍并设计各种图纸。达·芬奇在这里曾进行过建筑、机器、飞行器、大炮等设计。

在昂布罗修图书馆的天井庭院内，矗立有十位著名人物铜雕，其中神学家奥古斯丁、诗人但丁最为引人注目。奥古斯丁铜雕的背后有一面古墙，墙顶至今还保留着达·芬奇弟子创作的壁画残损画面。这种对艺术的敬重态度让我们十分钦佩他们对古代文化的尊敬。

波罗缪主教非常喜欢搜集各地的艺术品与图书，他的贵族身份让他有能力购买这些艺术品与图书。其中也收藏有中文书，但在1943年的一场大火中毁掉了。

该馆藏有艾儒略（Giulio Alèni, 1582–1649）所绘的一幅

地图。这幅地图在世界上已很稀见。张西平教授正在点校编纂《艾儒略全集》，这幅地图也将收入，该书将由大象出版社出版。夏慕华女士正在研究艾儒略，她在米兰圣心大学教授中文，也是米兰这座图书馆研究中心的学术秘书。艾儒略在米兰近邻出生，是一个大区的。世界上研究艾儒略的学者有20多位。艾儒略著述颇丰，其中文著作仅次于利玛窦，他有一本与士大夫酬唱的诗歌集（收有70多首诗）。艾儒略的家乡有一个艾儒略研究中心。艾儒略的书信集还没有整理，主要是用意大利文书写，这部分如果由意大利学者整理最为合适。大象出版社出版的中文著作《艾儒略全集》如果再翻译成意大利文将具有重要意义，如再配有意大利文书信手稿，这将是最完整的、中西合璧式的《艾儒略全集》。

这座图书馆还收藏有邓玉函（Jean Terrenz, 1576–1630）的书信，这些书信具有很重要的价值。邓玉函与伽利略是同一学校毕业，他曾给开普勒写过三封信。邓玉函的藏书也可以整理。邓玉函是编译《崇祯历书》的主持者之一，他与王徵合作写过一本《西器奇说》，是最早将西方科技引进中国的先驱之一。

达·芬奇无疑是这座图书馆的骄傲。达·芬奇出生于托斯卡纳，馆里还存有达·芬奇长期工作的房间。我们在欣赏过提香的油画之后，穿过三层所展艺术品（主要是油画），便进入达·芬奇自己设计的藏书室大厅。这个大厅是达·芬奇作为建筑学家的作品之一，如果与教堂相比，也许略逊一筹，但作为一座图书馆，它的布局仍然让我们十分震撼。这个藏书室大厅，分上下两层，下层有12层高的书架，上层为9层高的书架，两层间有木制走廊，其上则是穹顶，两端是半圆形的巨窗，光线均来源于此。整个藏书室大厅的空间被充分有效利用，毫无浪费之处，这是迄今都值得建筑师们学习的地方。作为一件建筑艺术品，功能利用是最重要的建筑语言要素，达·芬奇还被称为建筑大师，他所设计的建筑结构与功能的浑然一体也许是与其美学风格并驾齐驱的。当我们进入藏书室大厅时，我最震撼的并不是达·芬奇的独特建筑设计，而是这座大厅的主人——书本身，那些书全部立于书架上，整齐得像人类文化的士兵，无一不庄严肃穆，两层高达近10米，全部是立正的书籍。如果用中国词语“琳琅满目”来形容，我觉得这个词还是过于妩媚了。因为在15、16世纪西方书籍全部都是以锁线精装立于人们面前的，这与中国柔弱的纸与柔弱的蓝色封面、躺在函套中平放形成鲜明的对比。同时，那个时代的西方精装书多以8开、4开、全开本面世，与中国书籍多以16开甚至更小的开本方便阅读与携带大相径庭。达·芬奇生活于1452–1519年，正是中国的明代，这位脚跨中世纪与文艺复兴的人物，他生活于书中的生活，与王阳明恰好形成巨大的反差。中国的学术，逐渐走向心学而务虚，但西方却正在从神学走向人性而务实，尤其是科学的因素正变得越来越成为社会进步的号角。同样是理性的思考，但中西文化却是沿着各自不同的路走得更加背离。东西文化的分野，我们在达·芬奇的藏书室大厅中也可以找到实证。

也许，与达·芬奇同等重要甚至远超达·芬奇的文化思想贡献是这座图书馆的创办者本人的思想。这座图书馆的创办者米兰主教费德理安·波罗缪在1604年创办时提出这座图书馆是“一项世界性的服务”。这一理念是基于波罗缪狂热的博学求知思想，他本人就是一位优秀的东方学者。名义上他说不相信有人会整合人类所及的全部文献，但他本人真正的意图是要将叙利亚文、波斯文、阿拉伯文、希伯来文、亚美尼亚文、中文、印度文、伊利亚文书籍总编一个目录，以让那些无法读到原文的人也能了解世界的全部知识。他从构想这座图书馆时就是抱着将图书馆、博物馆、美术馆融为一体的想法，最终目的是调和美学、科学和宗教，让它们共同融入人类智慧的本体中。这一雄心壮志决定了他的收藏品质与种类。我们今天之所以还能够见到如此多的艺术品、书籍、手稿等，无一不与波罗缪的主旨思想有关。

这座图书馆购进的第一批中文书籍据傅马利博士考

证，是1604年4月波罗缪购于阿姆斯特丹的《大明官制》（1540）。而和这座图书馆初创时期关系密切的艾儒略、金尼阁（Nicolas Trigault, 1577–1628）、邓玉函则均是波罗缪的朋友，同时他们也都给昂布罗修图书馆寄送了十分珍贵的中文书籍。这些书籍有阴时夫的《韵府群玉》、王叔和的《脉诀》、李廷机的《玉堂厘正龙头字林备考韵海全书》以及《孟子》《外科精要》和大唐景教碑拓本等。而中文本《万国全图》、艾儒略《职方外纪》手稿、24卷本《汉语词典》则更成为中西文化交流史上触动世界的文化珍品。昂布罗修图书馆中文书籍的收藏至今还在散发着书籍的魅力，中西文化脐带的营养作用依然哺育着新一代的文化使者。也许这正是波罗缪所期望的，无疑，他的希望在未来结出了文化硕果。

《万国全图》也是该馆所藏珍稀之品，原为利玛窦所绘，名《万国舆图》，1584年绘于肇庆。1598年利玛窦修订该图，并在南京刻版雕印，共12个版。该图问世后风行全国，给一直自居于天地之中的中国以猛烈的心理震撼。但在利玛窦之前或者同时，罗明坚也绘有当时的世界地图，只是带到了欧洲没有出版，因此，其影响远远不及利玛窦的《万国舆图》。但绘制地图以取得传教通行证的思路也许罗明坚是首倡者。昂布罗修所藏这幅地图，刻于1623年的杭州，应当是艾儒略增补利玛窦的《万国舆图》而成。艾儒略撰《职方外纪》，实际上是有图有文的，文字前五卷述说五大洲，后一卷为“四海总说”。现在的印本只剩下文字部分，图则不见。该图的发现，证明艾儒略对利玛窦的《万国舆图》也进行了修订，并确定《职方外纪》原是有图的，文字上遵照利玛窦的愿望，经庞迪我（Didao de Pantoja, 1571–1618）、熊三拔（Sabathin de Ursis, 1575–1620）修订增补文字，庞迪我去世后又经艾儒略增补最后成书。昂布罗修图书馆所藏的《万国全图》是否为金尼阁寄自中国，还不能确认。金尼阁1613年从澳门返欧，1614年抵罗马，1615年至1616年金尼阁到米兰拜访了波罗缪，1618年4月从里斯本登船返回中国，1620年7月抵澳门，1621年初赴南昌、建昌、韶关，并于次年赴山西，1628年入嘉定，并于同年11月在杭州去世。从金尼阁的活动情况分析，也有可能是金尼阁1623年赴河南前将刚刚出版的《职方外纪》及《万国全图》寄给了昂布罗修图书馆的波罗缪。当然也不排除他是在1628年时所寄，这一点目前还无法确证。

昂布罗修图书馆目前正在与清华大学的杨刚先生合作编写油画修复保护辞典。这里丰富的艺术原作给意大利修复技术提供了用武之地。中国敦煌、龙门石窟等的保护技术都引进了意大利人的技术。

6:30

下午我们自米兰乘机赴杜塞尔多夫，晚8时抵达。直接去一间酒吧吃晚餐。席间，识昂布罗修图书馆东方部主任傅马利博士（Pier Francesco Fumagalli），他也是《米兰昂布罗修图书馆与中西文化交流》（浙江大学出版社，2008年）一书的作者。因在飞机上一直认真阅读这本书，忽然见到作者，倍感亲切。

10月5日上午　杜塞尔多夫孔子学院

欧洲藏中国文献国际学术研讨会

首届“欧洲藏中国文献国际学术研讨会”由北京外国语大学海外汉学研究中心、杜塞尔多夫孔子学院、大象出版社共同主办。上午的会议由杜塞尔多夫孔子学院院长培高德主持。首先由中国驻德国大使馆代表江枫博士致辞。江枫博士是个学者，对马理贤很有兴趣并研究颇深。早在几年前，江枫博士就希望将欧洲所藏的中文文献整理出版。江枫博士掌握有八国联军当时在北京的各种日记史料，涉及民俗、历史、文化、生活、社会等各方面，非常值得出版。

文化部《清史》编纂委员会办公室马晓霖先生致辞。他重点介绍了《清史》编纂情况。《清史》是几代领导人都很关心的工程，参加纂修《清史》的先后有2000人左右。德国、美国、俄罗斯、英国、法国等国外研究机构通过不同形式进行了支持。《清史》史料准备从文献征集开始，已出版5种丛书2500多册，总字数近10亿。正史已完成95%。《清代诗文集》《李鸿章全集》《张之洞全集》《清代稿钞本》《蒙藏文献辑刊》等均受到学界关注。所出版的专著也有多种获国家级奖。清代档案资源2000多万件可在网上查阅。原计划10年完成《清史》，但目前在学术观点、史料运用等方面还存在一些问题，这个工程将延后出版。

张西平教授的发言主题是“关于建立欧洲藏中国文献研究会的设想”。张西平教授首先介绍了中国海外汉学研究中心的有关情况。北京外国语大学中国海外汉学研究中心成立于1996年，季羡林任中心名誉主任，任继愈主编《国际汉学》。后季羡林将中心名改为中国海外汉学研究中心，并题写了中心的名字。《国际汉学》第一辑在商务印书馆出版，自第二辑起即由大象出版社出版。北京外国语大学在东西文化互相了解方面做了一些工作，如：2009年召开了“中德汉学研究百年学术研究会”；2009年在匈牙利罗兰大学召开了

“中东欧汉学史研讨会”，会议的主题是“2009年中欧文化论坛”；2010年在韩国首尔召开“中国古代文化在东亚国际研讨会”；2010年在意大利与罗马智慧大学召开“西方人汉语学习国际研讨会”。

关于中国文化研究，张西平教授认为历史强迫中国纳入世界历史体系，中国知识体系也被纳入到世界知识体系中。西方人开始介入中国知识研究，如利玛窦等传教士、高本汉等学者的汉语语言研究。再如敦煌学研究，以法国伯希和为首，巴黎成为敦煌学研究中心。专业汉学家的介入也引发中国知识分子的反应，他们积极进入新的研究领域。这一知识结构体系的变化是深刻而又深远的。西方的知识体系是成熟的，但中国的知识体系也同样是独具特点并十分成熟的。这两个成熟的知识体系的相遇与碰撞，产生了一系列的反应。中国近代知识体系在这种碰撞中发生了部分改变，而西方的变化则并不十分明显，但西方在研究中国的同时，今后也肯定会有一些变化。目前，我们正处在变化之中。

中国学术界对欧洲所藏的中文文献整理进行了一百多年的努力，袁同礼曾派王重民、向达到英法抄录敦煌文献，这一努力在今天仍具有启示意义。当今，对欧洲所藏的中文文献，中国学者并不完全了解，这部分史料将推动新的学术研究。我们在了解中文文献的同时，更应当关注涉及中国主题的西方文献，这部分史料迄今还没有系统利用，对这一文献的整理及研究也将推动西方知识学术的变化，这一视角也将改变西方学术面貌。如对英属东印度公司以及法属、荷属、葡萄牙属、西班牙属东印度公司对华贸易关系史料迄今没有进行系统整理，对这一专题的研究将会推动中西贸易关系的重新反省，西方学者的反省也许更有现实意义。

归去来兮：欧藏汉籍

下午2:00我们继续开会。第一个发言的是来自北京师范大学的周少川先生。他的报告题目是“归去来兮：欧藏汉籍”。

周少川先生是中国历史文献研究会会长。该研究会有1000多名会员，其中包括一些来自法国、美国、韩国、澳大利亚的汉学家。学会出版有期刊《历史文献研究》，已经出版30辑。周少川先生目前正在参与主持编纂《中华大典》，但他也表示希望能广泛参与欧藏文献的整理工作。

周先生从汉籍流传到国外的角度分析了如何整理古籍以及古籍整理的新趋势。周少川介绍说，国外也刻印了一些中国古籍，如日本和刻本、韩国高丽本。还有一些传教士在中国也写作、刻印了相当多的用中文撰写的书籍。这些流传到海外的书籍现在统称为“域外汉籍”，但现在也有学者提出应名之为“华籍文献”。中国单篇文章、地图之类的也可统称为“中国文献”。如英国牛津大学收藏有一幅《东西洋航海图》，年代为明嘉靖年间，很值得研究。

元代中国书籍已经传入欧洲。早期写本、史书、小说、戏曲、传教士著作、禁书等是流传到海外的大宗。张西平教授发表一篇《国外对明末清初天主教中文文献的收藏与整理》论文，很有参考价值。

关于对欧藏文献的整理，周少川认为，一是要做好普查书目，对原始记录进行普查、编目；二是要编制工作书目，编制专题书目；三是要编著善本书目，如《法兰西学院汉学研究所藏汉籍善本书目》等。关于对文书档案的专题整理，周少川认为，各印度公司档案、梵蒂冈藏天主教文献最值得缩微胶片、影印、扫描，或者直接在影印本上标点校勘。周少川提出要建立一个《欧藏中国文献联合目录》，可参照“中华古籍善本国际联合书目系统”的操作方法；同时建立欧藏中国文献全文数据库，可参照“哈佛燕京图书馆藏善本特藏资源库”的操作模式。

《海外所藏中国古籍书目》《中华古籍书目》《域外汉籍珍本文库》（100种，10辑）、“域外汉籍研究丛书”、《域外汉籍研究集刊》、徽州文书、山西民间契约、清水江文书、孔孟府档案、煤矿档案、海关档案以及中国基本古籍数据库等项目均在进行中，有的已经出版，但大多数仍在整理中。

其后是荷兰布里尔出版社的代表罗伯特发言。这家出版社是欧洲最大的学术出版社，1683年在莱顿大学成立。所出版的都是与人文、社科方面有关的学术书籍，其市场定位是整个欧洲，甚至全球。其出版物语言17世纪是拉丁语，18世纪是法语，现在主要是英语。1860年荷兰第一个汉学家说服政府从上海购进汉字字模，开始了中文出版业务。此后，欧洲汉学家著作较多是在布里尔出版社出版的。目前，他们的主要市场是美国，但已开始重视中国市场，希望出版更多汉学著作，并与中国的出版社合作。布里尔目前合作的出版社主要有北京大学出版社、商务印书馆、社会科学文献出版社等。

该出版社邀请法国、英国、德国的汉学家到荷兰召开了一个座谈会，提出要出版欧洲藏中国文献档案。其出版路径是按单个图书馆进行整理，先弄清图书馆档案指南，档案馆也比较配合，但现在他们最大的困难是资金，因此，用中文数据库、西文数据库的形式出版是最好的方法。

昂布罗修图书馆副馆长、东方部主任傅马利博士

傅马利博士20世纪90年代在中国西北大学学习汉语与中国文化。他介绍说，他们馆藏的第一本书是在图书馆建立之前的1601年由波罗缪购藏的。昂布罗修图书馆的阅览室在1615年、1616年接待了金尼阁的参访，金尼阁带来了一些书籍。1624年发现“大秦景教流行中国碑”，其拓本很快就被传教士带到了昂布罗修。

傅马利博士向我们展示了入藏其馆的最早汉文刻本，也展示了《坤舆万国全图》图片。米兰是最早与中国联系的城市之一。米兰以前受法国管辖，与中国的交往可以和威尼斯、那不勒斯（那波利）等城市相提并论。1574年耶稣会在米兰设有一个培训学校，耶稣会派往中国的传教士均是从米兰开始出发的。金尼阁就是接受米兰主教波罗缪的推荐而成行的。

米兰的耶稣会学院后来成为小公国国家图书馆。法国国王也设立了一个皇家图书馆，有些小公国的书籍被转到皇家图书馆。1860年意大利独立后，其驻上海领事馆送给米兰一些中文书籍。

英国大英图书馆代表的演讲

大英图书馆的代表首先介绍了东印度公司的文献收藏情况。他说，东印度公司记录的有关中国的文献很多，英国外交档案很重要，英国东印度公司的文献也很重要。在大英图书馆中藏有中国的大量文献，东印度公司的文献记录主要包括四部分：①原东印度公司1600–1858年之间的档案文献。②地图收藏部门所藏的文献。③个人档案。④有关缅甸的档案文献。

东印度公司当时为什么要做记录？主要是与贸易、资金有关。远东印度公司成立于1600年，它企图与世界各地做生意，所以商业活动地域覆盖从非洲南部直到远东，范围很大，所遗留下来的档案主要是伦敦总公司与各地通信记录（1600–1722）。大英图书馆的代表举例说：1683年一封由伦敦发往广州的信，其内容包括军事装备。从1721–1834年的记录全部保留了下来，这些记录分两种：一种是在中国和日本的生产记录；一种是关于广州的，单放在另一处。除贸易数字之外，还记录了个人和当地社会的一些情况，如记录有关茶、瓷器的文字。也有一些是政治方面的记录，东印度公司不单纯是从事商业贸易的公司，它还具有部分类似国家的政治权力，因此也有政治记录。因为东印度公司权力过大，英国成立了一个监督机构。这种贸易政治化，导致了两国贸易的冲突。东印度公司的记录中保留了送礼清单以及价格，借此推动鸦片贸易。

19世纪东印度管辖区域已扩展到中国，对中国贸易的重视也导致对文献资料越来越重视，现已发现有几千份文件与中国有关。关于鸦片贸易、鸦片战争的文件有数百件，还有涉及香港殖民地政府香港政府成立的。还有一些记录义和团的文献。1927–1929年有一些苏联文件送到了大英博物馆收藏，但为什么由大英博物馆收藏则不太清楚。

我们要了解中国的书是如何传播到欧洲的，可以将东印度公司的购物清单作为一条重要线索。东印度公司订货包括订书的清单均有记录，保存十分完整，这个可以作为一个专题进行深入研究。东印度公司订书清单资料非常完整，是从广州订货。《南海胜景普陀山志》一书就由东印度公司订书购买后送给了英国图书馆的创建人。其中一些书籍是关于佛教的，也有关于天主教的。中国书籍的引入导致“中国热”，英国对中国的兴趣十分广泛。1699年有一本《茶经》被翻译成英文；英国有一位汉学家Staunton翻译了《大清律例》，东印度公司一位商人买来后再翻译成英文在英国出版。关于中国书籍的交易资料可上网了解，同时还需要请教这位先生。他留下一篇文章，比较长，可译后参考。

东印度公司自1596年开始派遣商船从事东亚贸易。1676

年从澳门进入中国大陆。1680年以后，东印度公司从英国本土直接派船与中国进行贸易。船管会为了保证雇员的忠诚度，要求详细记录所发生的事，因此东印度公司的《在华商行报告》档案是最原始的文献记录，它记录了各种细节性的历史。这批档案始于1721年，止于1834年，共有200卷，每卷在200–300页。当然，除此卷宗外，还有其他记录，也是反映中英两国关系的。这批档案最为完整。

这批档案早就被学者关注并据以形成学术成果。美国人马士（Hosea Ballou Morse,1855–1934）著有《中华帝国对外关系史》（*The Internation Relations of the Chinese Empire*，3卷）、《东印度公司对外贸易编年史（1653–1834）》（*The Chronicles of the East India Company Trading to China*,1653–1834，5卷），已有中译本；格林堡著、康成译《鸦片战争前中英通商史》；梁嘉彬著《广东十三行考》、章文钦著《广东十三行与早期中西关系》；等等。以上著作均参考了这批档案材料。

研究任何语种的历史也许都无法绕开大英图书馆，它收藏了历史上它感兴趣的每一语种的文献。它的前身是1753年在伦敦成立的大英图书馆，这一世界顶级的图书馆从它收集第一批文献时就具有全球意识，这一特点是有殖民地色彩的，它的藏品的数量与殖民地的扩张成正比。英国与中国之关系漫长而又充满痛楚，它的藏品记录了点点滴滴的历史。

研究中国18世纪以后的历史如果缺了大英图书馆的各种文献的支撑，无疑最后的结论都有可能是站不稳的。

目前，大英图书馆的藏书超过1400万册，位居美国国会图书馆之后，但它所藏的自公元前2000年以来各种原始档案以及抄本，也许美国国会图书馆根本无法与之抗衡。莎士比亚的原稿、西乃抄本《圣经》等都是镇馆之宝。中国早期的雕版《金刚经》，连英国人也视为珍品，并出版了对其研究的专著。与《金刚经》同样珍贵的是斯坦因所盗取的敦煌文献，多达1万多件，文本抄写时间跨度自晋至北宋初年，覆盖了中国最辉煌的写本书籍时期。但我们此次之行，最大的收获不是书籍，而是东方部善本部所藏的档案材料，涉及我国西北部的档案名称是《来自印度的政治和秘密信件》（*Political & Secret Letters from India*），涉及边疆问题的卷名《扬子》（*Yang Tze*），涉及保密部的档案卷名《中国突厥斯坦》（*Chinese Tukkistan*），涉及贸易、外交等关系的是英属东印度公司的《在华商行报告》（*China Factory Records*）。

德国柏林国家图书馆

德国柏林国家图书馆，正式名称为“德国柏林国立普鲁士文化遗产图书馆”，图书馆名称多次变化，也称普鲁士国家图书馆，是德国最大的图书馆。这座图书馆有351年的历史。二战期间，为了防止珍贵书籍毁于战火，馆内部分书籍移至当时属于德国、后被划为波兰的克拉科夫地区，至今这些书籍仍留在波兰。因东、西德分离，书籍也分别留在了两地。东、西德统一后，图书馆并没有搬到一起，因此还是1号楼、2号楼分藏。

普鲁士文化遗产基金会支持图书馆正常运转。普鲁士文化遗产基金会管理全国的图书馆，因此各馆之间合作十分密切并十分通畅。德国研究协会根据各馆收藏重点而确定支持金额，现在每年新增加2.5万册图书。1号楼重点藏历史研究资料，19世纪之前的文学书籍也收藏在1号楼。自1946年至今的刊物都集中在2号楼，特殊专题材料保留在2号楼。德国人非常重视书籍，在德国南部建立了一个22万平方米的藏书库，共收藏有1100多万册图书、1000多万件胶片，包括中世纪以来的手稿，其中包括贝多芬、巴赫、莫扎特等音乐家手稿。

远东收藏品在17世纪有267本与中国有关的书，这在当时欧洲是比较多的。18世纪收藏不多。19世纪收藏开始增多。1822年有一批收藏。1834年收藏有6.8万册中文图书，其中包括部分日本书籍。二战后60%丢失，现在只保留了

30%。

图书馆东亚部1922年建立，现在主要收藏中文原版的书籍，这些书来源于中国大陆、香港和台湾地区，收藏范围广泛。《四库全书》《续四库全书》《四库禁毁书丛刊》等电子书也有收藏。远东部所藏书，如果借阅可以直接与东方部联系，借书期限可以免费使用一年，不对个人开放，只针对研究所或图书馆。1661年以来的目录可以在网上查阅。

国家图书馆远东部（系）已将2478种中文书籍善本电子化，可在网上全文阅读。电子化书籍的数量在不断扩大。图书馆有一个专门的数据化部门进行数字化。图书馆建有70个国家图书数据库，但查阅只能在德国国内，而不能供其他国家的读者查阅。

10月6日上午　杜塞尔多夫孔子学院

俄罗斯藏中文文献

俄罗斯的波波娃女士介绍了俄藏文献的有关情况。俄罗斯汉学研究兴起于18世纪初，是在俄罗斯东正教传教使团的基础上建立的。从18世纪开始，俄档案馆收藏了大量的中国档案资料以及古籍。黑龙江、吉林等省档案曾转到俄罗斯收藏，但在1855年这批档案又归还给了中国，这批满文档案保留得非常完整。内容主要是地方与朝廷的军事、行政、交通以及与俄罗斯关系等。

俄罗斯藏汉籍主要藏在莫斯科的国立图书馆（1974年目录）、圣彼得堡国家图书馆（1852年、1993年目录）、圣彼得堡大学东方系、符拉迪沃斯托克（海参崴）以及东方文献研究所。主要有敦煌文献（19000件）、NOVA（500种）、拓片（2000页）、雕版书籍（3642种）。

1818年11月27日，俄罗斯科学院倡议成立亚洲博物馆，1930年改成东方学研究所。俄罗斯科学院东方文献研究所所藏早期图书十分有价值，有郭居静、金尼阁、鲁得照、恩理格的著作，这些书是从欧洲流传过去的。郭居静与利玛窦合作的四声拉丁汉语字典《平常问答词义》（利玛窦的这部手稿一直未发现），尤为重要。拉里婉·罗索欣（Россохин,N.k., 1717–1761）编《汉语书籍目录》，包括125种中文书名，分为8类。1766年阿列克谢·列昂季耶夫（ПeotbeB，A.П., 1716–1786）编《汉语书籍目录》，包括235种中文书名。1818年俄国藏有377部中文书籍。

慕尼黑巴伐利亚国家图书馆

该馆1558年建立，与柏林国家图书馆齐名。1450年以来的早期印本书籍藏品十分丰富。收藏有1100万印刷本书籍、59700种期刊。抄本93600件，是全球数量最大的抄本收藏图书馆。有20000件与东方有关，其中1.7万件与远东有关。收藏东方书籍23万种，3000件抄本。收藏重点是古代中国书籍，主要是20世纪之前的书籍。

巴伐利亚国家图书馆东方部收藏有60万册（包括西方、当地语言）东方书籍，该馆从1618年就开始收藏中国书籍。德国从17世纪开始对中国书籍产生浓厚兴趣，他们支持传教士去中国，并让他们收集中国书籍带回或者寄回巴伐利亚。1773年耶稣会倒闭后所藏图书转到了该馆，1803年各修道院书籍转到该馆，17世纪出版的《诗经》被收入该馆。1830–1831年诺依曼带来3500册中文书籍，1851年从法国购进2700册， 1858年收藏有2000册，1929年收藏18000册。德国人曾到中国收集中文书籍，1900年以前该馆的中文书籍是最多的。其中，宋元版20册、明版10多册、清版2000多册。抄本3000多册，其中瑶族道教抄本1700种，敦煌文献3件。

巴伐利亚国家图书馆十分重视书籍的数字化，从1997年开始对馆藏重要图书进行数字化扫描。中文书籍中的200

种5000册正在进行扫描。该馆的扫描仪是最先进的，值得中国引进。1870年以前的书籍准备与各馆合作扫描，没有版权的图书整个图书馆准备扫描100多万册。其中包括中国、日本、朝鲜的原版书以及西方所撰写的有关东亚的西文书均将进行扫描。

有关德国收藏中国档案的情况

根据培高德介绍，普鲁士档案馆与北京第一历史档案馆在2005–2008年进行合作项目外交档案“中德关系档案整理”，涉及中国的档案来源：克虏伯企业档案馆、布莱梅一家公司档案。

1668–1914年德国在远东的活动，一直有档案记录，既有军事档案，也有社会档案、贸易档案。传教士档案非常系统，瑞士、柏林均有收藏。个人档案由专门图书馆收藏，也有一些是由协会收藏的。

培高德收集了一些个人信件，他展示了1866年德国驻中国大使写给俾斯麦的信、1895年驻天津临时代表与李鸿章有关的记录、德国南部的一家档案馆收藏的描写战场的记录。用原始档案研究历史的方法颇值得学习与光大。

下午我们来到了杜塞尔多夫啤酒街，据说这是德国最大的一条酒吧街。街道两边，自店面伸出桌子，多数没有椅子，人们多站着喝小杯啤酒。适逢周末并有足球赛电视直播，男男女女边把玩酒杯边欣赏比赛，颇为壮观。

《中国新地图志》

其后我们穿过市政厅广场抵达莱茵河岸边，河边也是酒吧长廊，酒之喧哗伴着河水，也是爱酒民族之一景。我最大的收获是后来到一条街上，进入书店购得一本描述中世纪制作羊皮纸技术的书，1991年出版，作者是 Chr. Belser Verlag，因属旧书，售价只有0.5欧元，48页，彩印，书号为ISBN 3-7630-1212-5。这家书店规模很大，兼售旧书，旧书区有200平方米左右，其中我最感兴趣的是地图。这些地图或挂于墙上，或放置在塑料夹中，一沓沓矗立在地上。很幸运，我找到了一幅17世纪耶稣会士卫匡国所绘的关于中国的地图。这幅地图是1990年荷兰一家公司仿真再版的，售价68欧元。全开本。购回返至宾馆，查阅知道这是卫匡国1655年出版于荷兰阿姆斯特丹的《中国新地图志》（*Novus Atlas Sinensis*）（2卷）中的一幅。本幅是中国总图，包括直隶、山西、陕西、山东、河南、四川、湖广、江西、江南、浙江、福建、广东、广西、贵州、云南十五行省。费赖之称卫匡国："初至浙江之数年中，适当朝代更易之时。因鞑靼侵略，内乱，不忘旧主者之举义兵，地方不靖，未能久居一地。卫匡国在《中国新地图》题词中曾言其游历若干省，北至京师，抵于长城。所经数省一一图而测之，定其经纬。"这幅地图北止于长城，可以印证费赖之的考证。从整幅地图看，这当是明末时期的疆域图。卫匡国1643年抵华，其所绘地图的时间当在他游历各省之后，他于1646年回到杭州，1650年启程返回罗马，"抵荷兰之阿姆斯特丹，即从事于《中国新地图志》及其诸书之刊行"。由此可知，该书当作于1646–1650年。

《中国新地图志》两卷，图17幅，文字说明171页，1655年1月7日经维也纳核准而刊行。总图一，十五省图各一，附日本图一。有序言26页，对东亚大势以及各省疆域、人口、贡赋、民俗、土产、植物、名胜、山川、城市古今名、工业等均有介绍。这是西方人所绘中国地图之早期作品之一，对研究明末清初易代之际的历史具有十分重要的参考价值。该书是继罗明坚、利玛窦制图将中国融入世界知识版图之后，而以传教士的眼光对中国地理知识所作的深入帝国内部的地理总结，其始创之意义以及实测之准确，直到18世纪还没有其他著作能够超越，直到今天仍是学术研究之重要文献之一。

今天购得17世纪中叶之中国总图，实属幸运。尽管它已不是原书原图，但今人单仿此图，可见西方人对此图之重视。荷兰人彩色仿制此图，也许荷兰与我国台湾之关系是他们原版仿制的背后深层原因。无论如何，《中国新地图志》不仅在刚出版后就被译为多国语言，直到今天还能再度被关注，购得这幅地图，确有意义。

10月7日

歌德纪念馆

今天是周日，所有的商店均歇业，但博物馆都开放着。上午，我们慕名瞻仰了一座杜塞尔多夫的公园式墓地，接着去参观歌德纪念馆。

德国是个极其尊重历史的民族。歌德尤其被人尊重。歌德是德国文学的奠基人，也是“狂飙运动”的领袖之一，他的影响波及18世纪德国文化的各个方面。他不仅让无数女人倾倒，连同时代的男人也以结识歌德为荣。今天在纪念馆遇到一位杜塞尔多夫的女诗人，她说她是歌德的狂热爱好者，她为歌德而心碎，她的第一首情诗就是写给歌德的。她说她很幸运没有与歌德同时代，否则她会为歌德心碎而死。她一再声明她爱歌德，她一年要到这里无数次来接近歌德的生活。她说，歌德有无数情人，她也甘愿成为其中一个。歌德的魅力显示了一种力量——死后还拥有无数的“情人”，这种文化魅力直接而又穿透。中国的文化也许过于内敛，苏东坡的各种文化素养也许并不亚于歌德，他在诗、词、曲、赋、书法、绘画、散文等方面都达到了一个时代高峰，但他无法像歌德一样让后世的女人们甘愿做他的“情人”。尽管他也可以让无数男人为其文学的洗练与优美而倾倒。苏东坡的厚重已经成为中国文化遗产的一部分，林语堂用英文并译成中文的《苏东坡传》特别值得大家一读，这部严肃的传记为我们展示了苏东坡的文学与情感的各个方面，但这部作品仍然让我们感受到时代的隔膜。而现在歌德纪念馆中据说多达5万件与歌德有直接关系的文物让我们感受到历史的亲切感。反观苏东坡，除了文学作品、书法绘画作品以及位于河南郏县的墓地，我们再也无法去玩味历史的实物了。

与歌德同时代的中国伟大文学家是曹雪芹。他的《红楼梦》几乎自其问世就红遍开来，在这部伟大的作品还处于手抄本时期时，俄罗斯人就拥有了抄本之一，俄罗斯科学院东方文献研究所藏有《石头记》的早期抄本之一。但曹雪芹与歌德相比，歌德生前的荣耀焕发与曹雪芹的穷困潦倒形成了巨大反差，即便是身后也无法在文物实物的保存上相提并论。曹雪芹在北京西山植物园内保留了一所简朴的故居和为数不多的展品，偏处一隅，冷清而又寥落，而歌德的位于法兰克福的故居与杜塞尔多夫的纪念馆都位于车水马龙的闹市区，更重要的是多达上万件关于歌德的手稿、书籍、画像、生活用品等，直观地向人们展示着他的生活原貌。这种反差，让我们真正体会到了文化传承与文化尊重以及文物展示个中的苦涩。

让我深有感触的展品中有两件值得推荐给大家：一件是郭沫若译、上海现代书店刊行的《浮士德》民国原版书籍，展于二楼；另一件是一幅18世纪的罗马全城图，这幅巨图是以铜版画的形式绘于1765年，罗马城内每幢建筑物甚至每个窗户都尽入这幅画中，其中有一幢建筑物歌德曾经住过。这种运用透视法绘画的作品，让我们不禁联想到绘于12世纪的《清明上河图》。这两幅作品具有异曲同工之妙，遗憾的是我们已不能考证有哪一位具有巨大影响力的名人曾经居住在《清明上河图》中哪一幢建筑里，我们不知刘太医是谁，更不知道孙家正店的主人是何方神圣。

也许能给人们以安慰的是《浮士德》的中译本也收藏于此，但更让人感叹的这座纪念馆的创办者——杜塞尔多夫的一位收藏商——如此关注歌德作品的国外影响力，这里展示了各种文字的歌德作品译本，这种爱人及书的精神以及存续歌德文化遗产的毅力让人油然而生敬意。

德国耶稣会士

在生发感慨的歌德纪念馆一游结束后，我们返回宾馆。稍事休息便开始浏览《在华耶稣会士列传及书目》以及《梵蒂冈图书馆馆藏早期传教士中文文献目录：十六至十八世纪》（*Catalogo Delle Open Cinesi Missionarie Della Biblioteca Apestolica Vaticana XⅥ—XⅧ Sec*）。

德国的汉学研究源起于耶稣会传教士。与葡萄牙、意大利、法国相比，德国的传教士数量远远不及以上三国，传教士著作数量也远远落后于意大利、法国，但德国的汤若望对于耶稣会而言，甚至对于中国历史而言，却产生了承前启后的改变历史走向的作用。

费赖之将耶稣会传教士书籍史分为三个时期：1580-1672年是汉学著述创始之时期，其特点是传教士所撰数学、天文、物理之书甚多，超过宗教类书籍，是传教发端与争取生存之时期；1673-1723年是北京及各行省法国传教会产生发展之时期，“《传教信札》即在此时代开始刊布，其叙事繁多，信心虔笃，今尚为读者所嗜读也，科学在是时仍在培植”；1724–1773年，这一时期教难频发，直到耶稣会解散，是衰微时期，撰著出版均不及前两个时期。

三个时期我们均可找到德国耶稣会士的名字与事迹。按历史顺序计有：

邓玉函（Jean Terrenz），1576年，出生于巴德大公国之康斯坦茨城，1621年至华，1630年于北京去世。

汤若望（Johann Adam Schall von Bell），1592年出生于科伦，1622年入华，1666年于北京去世。

瞿安德（Andreas Xavier Koffler），1603年出生于凯姆斯城，1646年入华，1651年被清兵杀于广西。撰有书信数件。

万密克（Michael Walta），1606年出生于慕尼黑，1638年入华，1643年遇盗受伤死于山西。未见著作。

苏纳（Diestel Bernhard），1619年出生，出生地不详，1660年在济南去世，有书信数件，见布鲁塞尔图书馆藏《威尔舍姆（Wilcheim）神甫著作集》。

金玉敬（Calmes Joachim），1652年出生于汉堡，1684年入华，1686年于海南岛去世。未见著述。

麦雅各（James Matheson），生卒年、出生地不详，1694年入华。未见著述。

庞嘉宾（Gaspard Kastner），1665年出生于慕尼黑。

1697年入华，1709年于北京去世。著有拉丁文著作三种：《上川岛建堂记》《天文观察》《中国礼仪之争始末》。信札数件。

戴进贤（Lgnacc Kogler），1680年出生于巴伐利亚邦之兰茨堡，1746年于北京去世。著有《推算表》《睿鉴录》，合著有《历象考成》。书信数札。

席宾（Philippe Sibin），1679年出生于维斯特法利亚之纽豪斯城。1716年至华，1759年去世于澳门。著有信札数件。原缺汉姓名，费赖之新译。

魏继晋（Florian Bahr），1706年出生于西里西亚之法耳肯堡。1738年至华，1771年于北京去世。有信札至少9件以上。另有《圣若望臬玻穆传》一卷，北京刻本；《圣咏续解》一卷，北京刻本；《驳格廷根大学校长莫舍姆谬说书》，8开，1758年；《蒙难记》《六种语言大字典》，撰德文部分，手稿，藏北京遣使会图书馆。

查格林（Joseph Zallinger），出生年、出生地不详，1736年抵华，1736年去世。未见著述。

鲍友管（Antoine Gogeisl），1701年出生于巴伐利亚邦之济根堡城，1738年至华，1771年于北京去世。著有书信数札，合著《仪象考成》。

穆方济（Francois Moser），1711年出生于巴伐利亚之莫尔吉尔城，1756年至华，卒年不详。未见著述。

按费赖之的分期，第一时期来华的德意志人共5人，邓玉函、汤若望是其代表；第二时期共5人，庞嘉宾、戴进贤是其代表；第三时期入华的共4人，魏继晋、鲍友管是其代表。德意志籍传教士以天文历法最为擅长。邓玉函主持修《崇祯历书》；汤若望继之并成《崇祯历书》，任清钦天监监正；庞嘉宾精于历算，1707年授钦天监监正；戴进贤“历算学问也甚好”，任钦天监监正；鲍友管发明地平纬仪，任钦天监监副26年。以上5位做出巨大成绩者，均是以天文历法而被明、清两朝所重视，这应是耶稣会士中德意志籍传教士之一大特点。魏继晋以精通音乐、善操提琴而被乾隆所宠，但他的主要成绩在于语言文字，其他传教士或入华时间不长就去世，或其事迹不彰而湮没于传教史中。

10月8日

克虏伯档案馆

上午去拜访克虏伯档案馆。克虏伯档案馆成立于1905年，是最早的企业档案馆。克虏伯一家1873年搬到这里，共

286个房间，供接待国外客户及家庭聚会之用。克虏伯公司有两大支柱产品，一是钢铁制品，一是机关枪与大炮。其后代已与这家公司没有关系，房产由基金会（1968）管理。1945年战后其藏品由家族转交给基金会管理。

克虏伯起居室是穹顶长方形房间，430平方米，墙上挂有6块希腊哲学神、音乐神等壁毯。左侧卧室威廉皇帝曾住过多次。克虏伯去过北京，曾拍过许多照片，至今仍保存在档案馆内。其后耳室是克虏伯图书馆，共藏有30万册西文书籍，其中有马克思《资本论》和《马克思恩格斯通信集》。图书馆旁是举办活动的客厅，是仿法国凡尔赛宫设计的，墙的四周均悬挂有壁毯，内容属于《圣经·新约》故事。

这座建筑建在半山腰，前面是鲁尔河，环境十分优美。来到地下一层，有一个房间是中国风格的，大约100平方米。克虏伯的一个女婿做过驻中国公使，他修建了这个房间，并运回很多清代家具。1905年在这里建了一个档案馆，最初是存放中国方面的物品，包括李鸿章送给克虏伯的一副对联，还有一幅李鸿章65岁时的相片，由李鸿章亲自题名。这里存放着与中国有关的2万张照片。克虏伯的女婿于1900–1903年在北京拍了许多照片，涉及北京社会生活的方方面面，有中国戏院、圆明园、颐和园、故宫、北京周边各关口、长城、十三陵、各种神道碑及雕像、中国百姓照片。

还有1901年与中国谈判解决义和团问题、与代表团的合影；在光绪或慈禧接见前与代表团于故宫前的合影。此外，还有一些是关于上海、广州、澳门的照片。他还写过许多信到德国，反对列强破坏中国文化。

到目前为止还没有其他出版社来谈过出版，馆方希望能够合作出版这些照片。照片共有2万张，1.7万张照片已扫描。文字资料也非常多，已全部变为微缩胶片，最重要的已发布到了网上。克虏伯是私人档案馆，其内容涉及克虏伯家族的隐私，不能全部对外公开。克虏伯档案馆表示同意提供档案材料帮助，但如出版或研究则需要汉学家的整理，选择一部分或其中的精华公开出版。

10月9日　杜塞尔多夫至慕尼黑火车上

《康熙字典》与梵蒂冈图书馆

在梵蒂冈图书馆藏中有四个《康熙字典》版本：初刻本，康熙五十五年（1716）刻，编号为2.Borgia Chinese 428-434，该版本可能是蒙突奇（Antonio Montucci, 1762–1829）的藏书；1887年上海积山书局石印本，1套6册，编号为

《梵蒂冈图书馆所藏汉籍目录补编》4.RAC.GEN.OR. Ⅴ，1893；光绪戊子年（1888）上海图书集成印书局铅印本，藏2套12册，单套为6册，编号为“补编”3.RAC.GEN.OR. Ⅳ，1878；光绪二十年（1894）上海久敬斋石印本，1套6册，编号为3.RAC.GEN.OR. Ⅳ，1931。

此外，该馆还藏有一份《康熙字典索引》，1812–1816年克拉普罗特为蒙突奇所作。“索引”后有附录，内容主要摘自巴西利奥·布罗洛·达·格莱莫纳的《汉语拉丁语词典》转抄本，伯希和说：“1815年克拉普罗特以1200法郎为蒙突奇在巴黎购得此抄本，1816年蒙突奇接到该抄本。”

蒙突奇藏中文典籍

蒙突奇为编写一本拉丁语汉语字典而收集了大量书籍，尤其是中文辞书与西文辞书抄本。蒙突奇是意大利早期汉学家，他立志编写一套中文辞书并与英国新教传教士马礼逊展开竞赛。他主要活动于伦敦、柏林，远离中国人的环境注定了他将败于马礼逊。他于晚年回到了意大利。他在1824年从德累斯顿写给利奥十二世（Leo Ⅻ）一封拉丁文书信，随同这封信的还有一份用法语写成的书籍目录清单：“蒙突奇收藏的汉语书籍和手抄本目录。”这份中文藏书目录现藏梵蒂冈图书馆，编号为Borgia Chinese 396。在蒙突奇去世前，他将这些藏书以及为印刷中文辞典所准备的29000个汉字活字捐给了教皇利奥十二世，这些藏品1929年藏于耶稣会传信部，1902年转藏于梵蒂冈图书馆。

据余东女士介绍，蒙突奇购完书后，往往将购书的单据、书信等背景文字材料贴在书前，并签上标签，说明购于何时何地何人。如《正字通》一书前，伯希和说："题头有奇怪的刻印摘出，给出了蒙突奇在1789–1801年间购买汉语书籍和汉语研究著作的时间表。"伯希和在编目中，一般也在书名后标明"蒙突奇旧藏"，但是否全部标出，余东女士讲没有一一核对，所以不能确认"蒙突奇旧藏"之外究竟还有多少或者没有属于蒙突奇所藏。

为了解蒙突奇藏书的来源，我先将藏于梵蒂冈图书馆的标有"蒙突奇旧藏"字样的书籍列出，然后再行分析：

262–263.《海篇》：字典。克拉普罗特和蒙突奇的藏本。（《音释海篇统汇》，共20卷，汤海若编辑）

264.《字汇补》：字典。克拉普罗特和蒙突奇的藏本。

265.《同文铎》：明代吕维祺编纂的字典。蒙突奇的藏本（《音韵日月灯》的第二部分）。

266.《同文铎》的索引。蒙突奇的藏本。

267.《篆字汇》：篆字字典。多山堂版。

341.《古文析义》：林云铭编纂，对古文文本研究，“1731年，年（音译）捐献，此人是中国福建人，传信部学院学生。蒙突奇在罗马购得”。

375.《韵钥》：字典，《音韵日月灯》之一部分。钤有1814年蒙突奇的藏书章。

389.《四书注》，坊刻，小开本。

391.《道德宝意》，“白玉蟾评注的《道德经》81篇，访赵孟頫书法本的大开本，60页”。

403–405.《伯友图录》，3个木函，书内有程士庄万历戊子年（1588）序，黄德时刻印。

413.《御纂性理精义》，康熙丁酉年（1717）序，初版。

414.《甲子会记》，编年表。

415–417.《六子全书》，嘉靖癸巳年（1533）版。

418.《小学》《学经》《忠经》注释本。

419.《字学津梁》，书法教育指南，有附录。

425.满汉识字课本，2卷，30–40页，蒙突奇和克拉普罗特旧藏。

426.《五经纂注》，节选本，沈一贯注，闾门夏龙衢刻印。

427.《五方元音》，字典，雍正丁未年（1727）澄鉴堂版，“蒙突奇从克拉普罗特处购得”。

428-434.《康熙字典》，初版。

435.《察世俗每月统记传》，1816–1821；《上帝圣教分会门》，耶稣教宣传册；《劝读圣录熟知文》；《幼学诗》，雍正己卯年（1735）文苑堂版，14页；《文昌帝君阴骘文》《关圣帝君真经》一卷；《善终瘗茔礼典》；《明职篇》，6页；《刘母厉孺人传》，18世纪；《心相编》，道教书；《敬德钓鱼》，剧本；《花园认母》，剧本，二仪堂版。

440.《列音韵谱》，7（缺1–4）本，154页。“汉字字谱，按照声韵母编排，每组都标有西文发音。”

441.《列边正谱》，134页，按部首排序的汉字汇编，每个字都带有西文发音。

442.《天神会录》（圣天使修会教材）。

443.《画像经解》（基督行实，有插图）；《明心宝鉴》；《六书密义》（手写本），马若瑟（化名温古子）所写，1816年克拉普罗特送给蒙突奇；《七巧图解》《日记故事》，5卷，带插图，康熙戊辰年（1688）版；《轻世全书》，4卷，手写本。

444.《新约》，马礼逊译。

445-449.《谢声品字笺》的《字汇数求声》，字典。

450-453.《正字通》，张自烈著，廖文英刻印。

454-457.《字汇》，字典。

458.《满汉同文分类全书》，满汉分类词典，康熙丙戌年（1706）版。

472.《官话语法》，万济国著。《忏悔方法简论》。

473.《类纂古文字考》，5卷，按部首排序的汉语－葡萄牙语词典，西文为傅圣泽所写，1811年蒙突奇购得此书。

474.《说文》，许慎著。

476.《百家姓》《千字文》。

478.《三字经集注》，南海陈忠铭著，余鹤参校订，广文堂版。

483.《增补字汇》，字典（缺第一函1–10册）。

484.《脉诀》，王叔和著，周一鹏嘉靖乙丑年（1565）序，富春堂万历戊寅年（1578）版。

487.《字汇》，字典节本，《玉麟字典》，万历乙卯年（1615）古吴散乐斋版。

489.《字汇》，字典。

491.《百家姓》《古时贤文》《三字经》。

492.《锦字笺》。

493.《幼学须知真解》，程登吉著，会有堂版。

494.《幼学杂字》，金陵李德章刻印；《四体千字文》，金陵郑元美刻印。

504.《玉堂字汇》，字典，小开本。

509.《新出对象蒙古杂字》，汉–蒙词汇。北京宏文阁版。带插图，55页，1700年左右民间刻本。

510.《易经》《诗经》《书经》，古香斋，小开本。

512.《职方外纪》；《二十五言》，汪汝淳重版。

514.《易经》，2册，小开本，蒙突奇按语："克拉普罗特的礼物，以非常昂贵的价格购得。"

515.《天下路程》，古吴陈长卿刻印。

以上是蒙突奇所购汉文书籍，蒙突奇赠送给教皇的图书，还有他另外捐赠给其他图书馆的书，具体数量待考。此外，蒙突奇为编写辞书，还购有西文辞书手写本若干，下面请看具体目录：

392–393.巴西利奥·布罗洛·达·格莱莫纳神父《汉语拉丁语词典》，转抄本。

406.《汉语拉丁语词典》，广州西班牙传教会编，对开本，封面为精装红色摩洛哥皮，原属克拉普罗特所藏。

407.《意大利语–汉语词典》，手写本，无汉字，原属斯当东爵士藏。

408.《汉拉词典》，手写本，北京安东尼奥·维拉迪金（Antonio Wladikin）从耶稣会士词典中转录8500个汉字，

“1811年6月6日蒙突奇从克拉普罗特处购得”。

411.《法汉词汇》，手写本，“抄自伦敦皇家学会会员马蒂尼·拉佩（Mathieu Raper）收藏的手写本。此人以前任东印度公司广州商务负责人。经版权人的许可1811年在伦敦抄写。正方形的四开本，4+89页。蒙突奇收藏”。

420.《官话词汇》，多明我会士万济国神父所编。

412.带西班牙释义的汉语词汇，施方济神父所编，1+91页，手写本，汉字按字母顺序排列。“蒙突奇抄自收藏在柏林之施方济神父的手稿原件。”

慕尼黑图书馆 10月9日下午

慕尼黑图书馆于1586年建立。这里收藏有40多万件音乐乐谱，40多万张地图，100多万卷东欧文献（是西方最大的除东欧各国之外的东欧文献收藏地），25万册近东、远东的书籍。

此馆在路德维希一世时即作为图书馆使用。二战时1/4收藏被毁，1970年重建完成。共收藏有350万册书，1000万件以上的藏品。慕尼黑郊外建有一个藏书库，每天有5000册送来，4500册送入。1945年以后，使用者主要是专业研究人员、大学学生，约有10万人。有一个专业阅览室，一个普通阅览室，580个座位。每周开放7天，每年接待读者110万人次。

馆方向我们展示了一些很珍贵的文献。如《妙法莲华经》第八品，用一个木匣装，是敦煌文献，定海方若曾藏，有题跋，这是非常珍贵的藏品。如瓦罗1703年关于“中国语法”的书在广州出版，线装形式，但皮为硬壳。这个版本是1804年的，拉丁语，在中国出版拉丁语书籍相当稀见。本书世界上仅存8册，这是其中一册。又如，南怀仁关于月食的一个印本，经折装，康熙十年（1671）刊，满汉对照，前有拉丁文序。慕尼黑大学还有一个月食彩绘本。1718–1819年在山东出现彗星，耶稣会刻印一幅《广东浙江四次发现圣迹图》，散发各地。再如，收藏有大观四年《大藏经》，东禅寺福州刻，鲁德福收藏，有鲁德福印鉴。

馆藏珍品还包括一张拉丁语、汉语、满语康熙五十五年（1716）九月十七日的红票，有各位耶稣会士的签名，这是礼仪之争的关键性文件，此前康熙皇帝致信教皇，但没有送到，又送一信（有郎世宁的签名）给教皇。这个藏品是红票，规定耶稣会士必须领红票才能居住。

慕尼黑图书馆所藏的道教书籍很有特点。这些书籍是从泰国、越南、云南、老挝买来的，多半与道教有关系，多是南方道派。正一教道派也藏有一些。都是手抄本，有2000

多册，已经编目800多册。莱顿大学也收藏有200多册。年代最早的是康熙年间，比较多的是19世纪的，20世纪的也有一批，其中90%是汉语。

10月10日

游慕尼黑玛利亚广场。接着去18世纪修建的一座“中国塔”参观。这座塔高五层，是德意志人想象中的塔的模样，各个角上的铜铃似乎比塔更像中国风格。

10月11日

上午去法兰克福书展展场。我们至6号馆与加拿大书籍展览协会会长一晤，此人同时也是FLDES出版公司的负责人。他推荐一本关于人类航空发展史的书，希望我们能够出版中文版。这是一本科普书，可以申请加拿大政府翻译补贴，值得考虑。

随后，我去参观古旧书籍展销。均是欧洲古旧书的专业爱好者与销售商所展示的精品。其中有一本传教士叶尊孝撰写的《汉字西语》引起我的浓厚兴趣。这本书梵蒂冈图书馆藏有1722年广东钞本、1726年钞本，书名为《字汇腊丁略解》。这里展销的版本出版于1813年，书商要价为9000欧元，十分昂贵。本书用拉丁文、法文、中文三种文字对照写成，该版本当已十分稀见。这个书商还展出一本汉字书籍《都名所图会》，6册，线装，要价3500欧元。

我买到两幅19世纪的地图：一幅是出版于1815年的《中国地图》；另一幅据书商称是1840年的“中国、日本地图”。这两幅地图均是从书中割下的，具体出自何书，待考。

汉籍英伦行记

2014年6月29日

现在是凌晨4点，英国格林尼治时间。

在英格兰北部纽卡斯尔机场对面的一家小酒店里，凭窗远望，数十盏夜灯还在挣扎着炫示自己的存在。灰色的云层间夹着大大小小的鱼肚白，云层的根部与大地之间淡淡的粉红预示着生机勃勃的新一天即将来临。

昨天我从北京乘飞机至阿姆斯特丹，再转机至英国纽卡斯尔。在漫长的旅途中，我翻阅了两本书，一本是英国人伟烈亚力的《1867年以前来华基督教传教士列传及著作目录》，另一本是赵欣的《18世纪英国汉学研究》。这两部书多处触动我的书籍之旅的敏感神经。

书籍是民族间了解和理解的桥梁。

英国汉学研究的基点始终以书籍为重要支撑。以书籍的获知分界，可大体上分为四个时期：一是前汉学时期，13世纪至16世纪末。英国人于1238年听闻蒙古大军西征，这是英国国王第一次知道东方还有一个古老大国。这一时期的书籍特点是以翻译为中心，13、14世纪以《马克可·波罗行记》（*The Travels of Marco Polo*）、《曼德维尔游记》(*The Book John Mandevicce*）为主要的阅读点，这两部书引发了英国数十次海外探险寻找契丹的行动。自15世纪中叶起，葡萄牙、西班牙、荷兰等国的传教士、探险家、商人等，陆续漂洋过海抵达中国沿海，这些人以书信、报告、口头汇报等形式将有关中国的信息传往罗马教廷和国王，罗马教廷将这些情报编辑后予以出版，也有作者自行公开出版。英国人对这些书籍兴趣浓厚，进口了这些原版书籍，并将重要的译为英文，尤其是西班牙人奥斯定会会士门多萨的《中华大帝国史》英译本的出版，使英国人开始了解到一个相对真实的中国。

二是早期汉学阶段，17世纪20年代至18世纪中后期。这个时候，耶稣会会士利玛窦已抵达中国的首都北京，他所撰写的《利玛窦中国札记》被收入1625年出版的《帕切斯游记》（*Purchas His Pigrimes*）中，在英国产生轰动性影响。《帕切斯游记》收录了此前有文字记载的欧洲旅行航行记录，有关中国的游记除了《马可·波罗行记》《利玛窦中国札记》外，还有《鲁布鲁克东行记》等。英国人尽管没有派出耶稣会会士进入中国，但他们最看重的游记和文献记录都是耶稣会会士传回欧洲的著述文字。利玛窦之后，葡萄牙人曾德昭的《大中国志》、意大利人卫匡国的《鞑靼战记》等书问世不久即被译为英文，中国已不再是一个虚无缥缈的国度。

《帕切斯游记》不仅收录了帕切斯见到的关于中国的所有游记的文字，还收录了两幅地图以证明东方帝国的存在。一幅地图收于第三卷后，此图上方题有汉字“皇明一统方舆备览”，左侧中间加入了利玛窦画像，在右下方两侧分别绘有一男一女的中国人像。另一幅地图取材于明正德年间（1506–1521）杨子器题跋的《舆地图》，这幅明人地图在嘉靖五年（1526）重绘，嘉靖十五年（1536）曾刊行，题为《皇明大一统地理之图》，也许帕切斯即根据嘉靖十五年刊本进行重绘，但此刊本是如何为帕切斯所见的，不得而知。

帕切斯之后，英国人了解中国的途径主要源于耶稣会传教士的著作。1655年葡萄牙人曾德昭著《大中国志》被译为英文，书名为《伟大而著名的中华帝国史》（*The History of that Great and Renowned Monarch of China*）。书末附卫匡国著《鞑靼战记》英译本，这个译本由泰勒（E. Tyler）印刷出版，圣保罗教堂约翰·克鲁克（John Crook）书店销售。1676年，伦敦出现英裔法国人麦格洛蒂·劳伦斯·康梯（Magalotti Lorenzo Conte,1637–1712）所著《关于中国与法国的两篇论文：其一，目前为止尚不为欧洲人所知的中国当前形势、中国政府和居民的风俗、礼仪（主要来自最近耶稣会士从中国反馈回来的报告）；其二，现今最杰出的法国国王的生活及其统治以及在他军队中的英国勇士》，这个长得令人窒息的书名反映了英国人认识中国的视角，他们对中国国家制度、礼仪、民俗兴趣盎然，或许是巧合，这本书还使英国人第一次获知有关中国西藏的知识，本书详细描述了拉萨布达拉宫以及西藏民众的风俗习惯。这本书有关中国的内容主要取材于从中国返回欧洲的两个耶稣会会士约翰·格鲁伯（John Grueber）、阿尔伯特·奥利维尔（Albert d’orville）1661–1664年的观察报告（这两个耶稣会会士待考）。

此外，还有一部书从铜版画的角度满足了英国人的好奇心。1669年，英国地图画家约翰·奥吉尔比（John Ogilby，1600–1676）翻译了荷兰人约翰·纽霍夫（John Niewhoff）著的《荷兰东印度公司赴中国使节》一书，其英文标题为《荷兰东印度公司派遣使节谒见鞑靼中国皇帝》，对开本，内容为1655年荷兰特使成员之一纽霍夫记录他在中国境内两年的谒见清帝之旅，不仅有文字记录，还画了大量的速写，这部行记附有100多幅插图，这是较早的一部带有写生图画的中国影像。这些图像包括顺治皇帝像、中国疆域图、各种物产、城市生活场景等。奥吉比尔英文版收70余幅，1673年再版时奥吉比尔增加了中国地图，插入了德国基歇尔《中国图说》中的大量植物版画，而《中国图说》中的植物画来自耶稣会会士卜弥格的手绘。本书还将卜弥格翻译的西安景教碑收入。奥吉比尔英译本尽管其主体并不是耶稣会会士书写的，但他在新版重印时，仍大量参考了耶稣会会士的中国报道，英国更相信耶稣会会士的心态可见一斑。

17世纪末至18世纪中期，早期英国汉学进入“中国热”的发展时期。这一时期英国人获知中国的主要信息渠道依然是耶稣会会士的报道。1688年葡萄牙籍耶稣会会士安文思（Gabriel de Magalhaens）《中国新志》出版，次年英译本出版，这本书是英国人研究中国的新开端。此书之后，欧洲汉学中心转向法国，法国耶稣会士进入中国打破了葡萄牙的控制，其后法国籍耶稣会会士李明（Louis Le Comte）的《中国现势新志》、白晋（Joachim Bouvet）的《中国皇帝传》、杜赫德（Jean Baptiste du Halde）的《中华帝国通志》等著作成为英国人研究中国的必备参考书。

安文思的《中国新志》被英国视为原创的经典之作。安文思在中国生活29年，他的手稿初名为《中国十二绝》（*Doze excellencias da China*），主要是归纳中国的优点：幅员广阔、历史古老、文字优美、典籍丰富、水运发达、礼仪注重、工艺精美、尊孔敬文、君主伟大、城市繁荣等。此书是一部综合性介绍中国的学术性读本。1688年由巴黎克洛德·巴安书屋（Chez Claude Barbin）出版。克洛德·伯努（Abbé Claude Bernou）以法文出版。同年英译本《中国新志》即由Thomas Newborough出版印刷（该印本附有北京城图），次年由伦敦塞缪尔·霍尔福德（Samuel Holford）出版社再次出版，书名改为《中华帝国新史，包括政府、城镇、礼仪和人民风俗的描述》（*A New History of the Empire of China, Containing a Description of the Politic Government, Towns, Manners and Customs of the People, etc.*）。这本书是当时对中国的历史、地理、礼仪记载最详细的著作，它让英国人真正了解了中国的历史，并对中国朝代的更迭关系也有了认识，但更重要的是安文思的著作纠正了以前许多错误的认识，使它成为一部让英国人倍感准确并值得一读的书。

17世纪末，英国获得中国书籍和信息主要有两个渠道，一是从法国获取，二是从俄国获取。1689年中俄签订《尼布楚条约》后，商人们陆续通过俄国将中国的商品运达欧洲。耶稣会会士随即利用这条安全快捷的商路寄转信件、物品、书籍至法国、意大利、德国等地。这一时期英国皇家学会（The Royal Society）所出版的学术刊物《哲学汇刊》时常发表关于中国研究的文章，但其原始史料参考来源仍以耶稣会会士书籍和报告为主，并且仍以英译为主要形式。

中文书籍规模性出口到欧洲，首功当推柏应理

（Philippe Couplet）。他将四百余册耶稣会会士们用中文写的著作带到了罗马天主教廷，这批书至今还完好地保存在梵蒂冈图书馆中。柏应理还出版了意大利籍耶稣会会士殷铎泽等编著的《中国贤哲孔子》，包括对中国哲学的介绍和《大学》《中庸》《论语》的拉丁文译文。柏应理还编有《中华帝国年表（公元前1952–公元1683年）》（*Tabula Chrbnologica Tvionarochia Sinica 1952 B.C–1683 A.D*），并绘有中国15省地图。英译本出版于1691年，尽管是个节译本，但却是《大学》《中庸》《论语》的第一个英译本。此举具有开创意义，中国原著经典辗转译为英文，意味着中国人的思想真正进入了英文世界。

1696年法国耶稣会会士李明《中国现势新志》在巴黎出版。此书对英国的“中国热”起到了推波助澜的作用。本书极力赞美中国的儒家学说和政治体制，李明甚至认为中国人是两千多年前诺亚的后裔，其整体具有民主的倾向，这些言论成为巴黎索邦神学院1700年禁止此书阅读的借口。这本书在未禁之前的1697年即被译为英文，书名十分冗长：《中华帝国最新旅行回忆和观察纪实：地形、物理、数学、机械、自然、民事和传教事业，特别是关于他们的瓷器、闪光的丝绸和其他物产，采集珍珠、动植物历史，以及其城市和公共设施的描述，人口、语言、风俗，硬币和商业，习俗、经济、政府，著名的孔子哲学及许多奇异的特别之处》（*Memoirs and Observations typographical, physical, mathematical, mechanical, natural, civil and ecclesiastical, made in a late journey through the empire of China, and published in several letters particularly upon the Chinese pottery and varnishing, the silk and other manufactures, the pearl fishing, the history of plants and animals, description of their cities and public works, number of people, their language, manners and commerce, their habits, economy and government, the philosophy of Confucius, the state of Christianity: with many other curious and useful remarks,1697*）。本书被法国神学院列为禁书的举动不但没有阻碍此书在英国的传播，反而刺激了英国人的求知欲，在伦敦此书有多个译本同时流通。18世纪上半叶，李明的著作十分热销。追求真实已经超过浪漫臆想，成为英国汉学的主流。

步李明后尘的是他的同伴杜赫德（Jean Baptiste Du-Halde, 1674–1743），其所著《中华帝国通志》（*Description Geographique, historique, chronoligique, politique, et physique De I'Empire De La Chine et de la Tartarie chinoise*）于1735年在巴黎出版。这是一部学术著作，是由27位在华传教士的报告重新编纂成的四卷本百科全书式著作。第一卷叙述中国地

理并附有自夏至清历史大事记，第二卷介绍中国典籍，第三卷叙述中国礼仪、哲学、医学、风俗等，第四卷记述中国边疆地区东北、蒙古、西藏等区域情形。本书是当时介绍中国政治、经济、文化、历史、地理等诸方面最为全面和准确的目击式学术报告，它先后被节译和全译为英文，一版再版。其节译本于1936年由布鲁克斯（R.Brookes）译，约翰·瓦茨（John Watts）出版，书名为《中国通史》（*The General History of China*）。全译本一经出版，就备受关注，《学术概要》对此译本曾作过长达100多页的评论，其受学界重视的程度可见一斑。

迄今为止，英国人借助进口拉丁文书籍、其他文种书籍及英译著作，所获得的关于中国的信息大多是正面的。在此期间，汉文原版书籍也传入英国。

中午12:30，我自纽卡斯尔乘火车至爱丁堡，车程一个半小时。住下后即前往爱丁堡皇宫，游览后再坐爱丁堡市内观光车绕城一周。晚餐在大象咖啡馆品尝苏格兰传统餐，三种泥质类食物，其中一种是土豆泥。此咖啡馆最有名的人物是哈利·波特，J.K.罗琳就是在大象咖啡馆里躲避严冬构思创作、并写作了“哈利·波特”系列的第一部《哈利·波特与魔法石》。这个咖啡馆的确名副其实，至今它并没有让哈利·波特占据主角，其室内墙上的装饰画像是各种大象形象，而造型艺术家创作的大象雕塑形象各异、憨态可掬，充斥了不同的角落。我们仅仅在走道墙上找到两处剪贴的报纸或杂志画报上的J.K.罗琳采访照。这也仅仅是说明作者曾是这里的常客，但在咖啡馆门口放一黑板木牌，招揽说：这里是哈利·波特的诞生地。这是一个不大的咖啡馆，进门直走是一长过道，右侧是长吧台和操作间，左侧是一长条矮桌供客人享用，里面是主厅，长方形，仅能放下10张或圆或方的样式不一的桌子而已。尤其是卫生间，更是平淡无奇，不时散发着异味。但这里给我印象最深的却是它的室内音乐和大象的抽象派艺术，充满了神秘的喧嚣和灵魂净化的味道。更给你以遐想的还有窗外，高低起伏的草坪，草坪上矗立的大树，而树又在传统的楼宇之间，更远处的教堂黧黑黧黑，即便在阳光照耀下也倍感压抑。

也许这便是爱丁堡文化——不以巨响而改变，不因平淡而无奇。大象咖啡馆的宠辱不惊，正是苏格兰文化的让人敬畏之处。

6月30日

中国的书籍实物传入英国相较于葡萄牙、西班牙、梵蒂冈教廷要稍晚。

据说，葡萄牙国王曾将一本中文线装书籍和一头象作为礼物送给了教皇利奥十世（1513–1521年在位）。这是欧洲最早见于记载的中文书籍的传入时间。此时距地理大发现时间只有20多年。当时，对中国的商船运输主要由葡萄牙人控制。

见于记载并确切有流传下来的中文书籍是16世纪中叶巴罗斯曾在福建采购的80多种（待考）中文书籍，他根据这些写有游记。更值得一记的是他将这些书带到了伊利比亚，并试图将这些书翻译成西文。也许前几年所出版的一本西班牙国家图书馆中文书目中最早的几册书即是巴罗斯所购。无论是否，巴罗斯购书并将之携至欧洲，这件事是确切无疑的。

英国收藏中文书的最早时间可上溯到1604年，由牛津大学波德雷安图书馆收藏。这是本什么书，由谁捐赠的，均待考证。

波德雷安图书馆是16世纪末牛津大学接受波德雷安先生捐赠而兴建的。托马斯·波德雷安（Thomas Bodleian）出生于1545年，曾担任牛津默顿学院研究员、英国驻荷兰特使，他于1598年2月23日写信给牛津大学表示愿意捐赠图书并修缮旧图书馆，同年牛津大学接受这一捐赠，并着手整修旧馆。1602年11月8日波德雷安图书馆开馆，当时藏书有299册手抄本、1700册印刷本。1604年，第一本中文书入藏。

1635、1636、1639、1640年坎德伯里大主教兼牛津大学校长威廉·兰德（William Land）先后向波德雷安图书馆捐赠中文抄本1151册，其中包括明初航海书籍传抄本《顺风相送》。从此，波德雷安图书馆的中文藏书大增。也正是受此鼓励，波德雷安图书馆开始有计划地收购17世纪荷兰东印度公司从中国台湾、东南沿海各省、马六甲、印尼等地搜购而来的中文书籍，当时荷兰东印度公司是从事中文书籍贸易的主要供应商。随着中文藏书的增加，波德雷安图书馆逐渐成为英国中文书籍藏书的重镇，这一特色直到今天还依然如故。

接受捐赠中文书籍的模式是牛津大学波德雷安图书馆中文典籍不断增加的重要因素。

17世纪下半叶英国早期汉学研究的推动者罗伯特·博伊尔（Robert Boyle,1627–1691）也向波德雷安图书馆捐赠了一册明万历二十七年（1599）《大统历》。17世纪荷兰东印度公司几乎垄断了欧洲与中国的贸易，书籍也同样如此。博伊尔曾担任过英国东印度公司主任一职，他所收藏的这本书就是他在1671年从荷兰东印度公司得到的。博伊尔是1662年英国皇家学会的创始人之一。早在1654年博伊尔就加入了一个由英国哲学家、数学家、物理学家等组成的小组，这个小组自1645年起每周在牛津聚会一次，1662年改名为“皇家学会”，直至今天，此学会依然是国际上最活跃的学会之一。博伊尔的好友托马斯·海德（Thomas Hyde,1636–1703）1659年进入波德雷安图书馆任副馆长，1665–1701年期间担任馆长。博伊尔捐书之时正是海德担任馆长期间。海德通晓汉语，他是牛津大学东方学家兼阿拉伯语教授，此外还精通土耳其语、叙利亚语、波斯语、希伯来语、马来语等。正是这两位早期汉学家的共同兴趣，让波德雷安图书馆的中文色彩继续张扬。

波德雷安图书馆中文书籍首次独立编目发生于1687–1698年间。帮助该馆馆长海德编目的是中国南京人沈福宗。他的教名是米歇尔·阿方萨斯（Michael Alphonsius Shen FoTs-ung），他的父母接受了澳门耶稣会会士的洗礼，他本人也是一名虔诚的天主教徒。1684年他陪伴比利时籍耶稣会会士柏应理到梵蒂冈教廷述职，教皇英诺森十一世和耶稣会总会长接见了柏应理和沈福宗。同年，他们抵达法国凡尔赛宫，受到热爱中国文化的国王路易十四的接待。

1687年在路易十四的推荐下柏应理、沈福宗抵达英国伦敦，受到了英国国王詹姆斯二世的接见。因为葡萄牙国王与罗马教皇的意见相冲突，柏应理、沈福宗返回中国的行程一再被推迟，1687–1698年他们二人一直滞留在英国。据海德《遗书》（*Syntagma1767*）记载，沈福宗于1687年1月25日第一次给海德写信，最后一次是1688年2月1日，他们之间的通信是用拉丁文书写的。海德曾将沈推荐给其他一些英国学者如博伊尔。他们二人最值得书写的一件事就是沈福宗帮助海德编写了一部牛津大学波德雷安图书馆中文藏书目录。当时，馆中所藏的大宗是儒家经典，其来源主要是金陵刻书和福建建阳书林刻书，建阳刻书中有一些是中医药书籍，但这些书无人能够读懂。博伊尔对中国天文、占星术、中医脉诊感兴趣，不知这些书与他有无关系。这些书中，有一册书是1607年购得，1596年南京刻本，我们不知道这本书的书名。关于沈福宗的编目，我们还找到了一条有趣的文献记载——馆中1686–1687年的购书账目上记着一句话——“请一位中国人编写书目，支付他食宿6镑”。6镑在当时应是一笔很大的开支了。

17世纪捐赠书籍不仅发生在牛津大学，剑桥大学在1632年接受的白金汉公爵捐赠的一批书籍，也非常值得纪念。这批书中有一部明版《丹溪心法》，这成为剑桥大学图书馆收藏的第一册中文书籍。由此发端，剑桥大学图书馆也成为英国收藏中文书籍数量最大的藏家之一。

在中文书籍早期捐赠的名单上一定不能忘了威廉·琼斯（William Jones，1746–1794）。琼斯于1792年将珍藏多年的《大学》《论语》《孟子》《诗经》《中国文法》《汉语—拉丁语词典》等9种中文书籍及汉语相关书籍捐赠给了英国皇家学会图书馆，英国早期收藏中文书籍的藏书机构名单上又增添了新的成员。

上午我在爱丁堡新城一侧的长桥上看书，并欣赏右前方的苏格兰皇宫和对面的古城堡。

17世纪下半叶至18世纪初，英国伦敦英译出版的有关中国方面的书籍，其信息来源多集中于传教士的报道。

17世纪以来伦敦所出版的中国主题的书籍主要有：

加斯帕·西伯琉斯（Casper Sibelius,1590–1658）著《台湾岛上5900个东印度人的皈依》（*Of the Conversion of five thousand nine hundred East-Indians, in the isle Formosa, neere China, to the profession of the true God, in Jesus Chri*：*by means of M.Ro. Junius, a minister lately in Delph in Holland*），杰西（H.Jessei）译，1650年伦敦John Hammond出版。

阿诺尔德斯·蒙大拿斯（Arnoldus Montanus,1625?–1683）著《中国图谱》（*Atlas Chinensis: being a second part of A relation of remarkable passages in two embassies from the East-India Company of the United Provinces to the vice-roy Singlamong and General Taising Lipovi and to Konchi, Emperor of China and East-Tartary. With a relation of the Netherlanders assisting the Tartar against Coxinga and the Chinese fleet, who till then were masters of the sea. And a more exact geographical description than a formerly, both of the whole empire of China in general ,and in particular of the every of the fifteen provinces*)，约翰·奥吉比尔（John Ogilby）译，1671年伦敦托马斯·约翰逊（Thomas Johnson）出版。

麦格洛蒂·劳伦左·康特（Magelotti Lorenzo Conte， 1637–1712）著《中国和法国》（*China & France, or, Two treatises the one, of the presend state of China as to the government, customs, and manners of the inhabitants there of*...），1676年伦敦Samuel Lowndes出版。

米切尔·博迪耶（Baudier Michel， 1589? –1645）著《中国宫廷史》（*The History of the Court of the King of China*），1682年伦敦出版。

泰查德·盖（Tachard Guy,1651–1712）著《国王数学家入华记》（*A relation of the Voyage to Siam Performed by six Jesuites sent by the French King, to the Indies and China, in the year, 1685: with their astrological observations, and their remarks of natural philosophy, geography, hydrography, and history*），1688年伦敦J. Robinson and Churchill出版。

爱维利尔·菲利普（Avril Philippe, 1654–1698）著《欧

亚行记》（*Travels into divers parts of Europe and Asia, undertaken by the French King's order to discover a new way by land into China: containing many curious remarks in natural philosophy, geography, hydrology and history: together with a description of Great Tartary and of the different people who inhabit there*），1693年伦敦舰队街古德威出版社（Goodwin）出版。

曼纽尔（Manuel de Faria e Sousa, 1590-1649）著《葡萄牙人的亚洲，葡萄牙人征服和发现印度史》（*The Portugues Asia: or, the history of the discovery and conquest of India by the portuguese containing all their discoveries from the coast of Afric, to the farthest parts of China and Japan, all their battles by sea and land, sieges and other memorable actions; a description of those countries, and many particulars of the religion, government and customs of the natives, &c.*），约翰·史蒂文斯（John Stevens）译，1695年伦敦C.Brome出版社出版。

白晋（Bouvet Joachim, 1656–1730）著《中国皇帝传》（*The History of King-Hy, the present emperor of China presented*），1699年伦敦出版。

布兰考特（Haudicquer de Blancourt, 1650–?）著《玻

璃、水晶、搪瓷的制法》（*The art of glass shewing how to make all sorts of glass, crystal and enamel: likewise the making of pearls, precious stones, china and looking-glasses: to which is added, the method of painting on glass and enameling: also how to extract the colours from minerals, metals, herbs and flowers...*），1699年伦敦Dan Brown出版。

18世纪初伦敦出版的英译中国主题出版物主要有：

凯夫（Tommaso Ceva）著《耶稣会会士的偶像崇拜及其在华宗教事务》（*Reflexions upon the idolatry of the Jesuits, and other affairs relating to religion in China*），1709年在伦敦出版。凯夫所编《耶稣会会士书简集》（*Edifying and Curious Letters of Some Missioner, of the society of Jesus, from foreign missions*），1707–1709年在伦敦陆续出版。

洛克曼（Lockman）主编《耶稣会会士在世界各地的旅行记》（*Travels of the Jesuits, into various parts of the world: compiled from their letters. Now first attempted in English... With extracts from other travelers, and miscellaneous notes*），1743年在伦敦出版。

18世纪上半叶，艺术类书籍也随着传教士传入英国。1724年，意大利籍耶稣会会士马国贤（Matteo Ripa,1682–1746）携其《避暑山庄三十六景图》铜版画，抵达英国伦敦。马国贤本人所刻之《热河山水图》引起了英国艺术家和建筑师的广泛关注。法国籍传教士王致诚（Jean-Denis Attiret），1749年在法国出版了《传教士书简》，在书中他详细介绍了北京圆明园的设计风格，因他本人就是圆明园的设计师之一，故在书中他还提供了详细设计图。1752年英国学者约瑟夫·斯本斯（Joseph Spence）翻译了王致诚的书，英译本名为《北京近郊中国园林的特别记述》（*A particular Account of the Emperor of China's Gardens near Peking*），这是一本关于中国园林设计的书，记录了圆明园全景和设计图纸的。此书面世后被《每日评论》（1752年12月）、《伦敦画报》（1752年第21期）、《苏格兰画报》（1752年第14期）等报刊转载，其影响力迅速传播到伦敦各阶层，对推动中国园林热起到了助力作用。

自18世纪中叶，随着英国与中国商业贸易的日渐升温，英国人直接踏上中国古老的土地去耳濡目染中国人真正的日常生活，将其记录下来，并在英国本土出版，这一新的书籍出版模式逐渐代替了翻译传教士书信和著作的二传手模式。至此英国人开始正面、感性并到现场观察中国，这让英国人真正开始理性起来。面对中国，英国人相信自己眼睛的时代终于来临。

建筑学家钱伯斯（William Chambers, 1726–1796）是较

早抵达中国并出版有关中国研究专著的英国人。钱伯斯于1743年被瑞典东印度公司聘用派驻到中国，他曾两度随船抵达广州。在华期间，他广泛与中国工匠交流，绘画了大量速写，搜集了大量第一手资料。他对中国的园林建筑艺术ndqq情有独钟，返回英国后，先后撰写并出版了四部书：

《中国建筑、家具、服装、机械和器具设计》（*Designs of Chinese Buildings, Furniture, Dresses, Machines, and Utensils*），1757年出版，对开本，附有21幅精美版画。

《园林的平面图、立面图、剖面图和透视图》（*Plans, Elevations, Sections and Perspective Views of the Gardens*）。

《索里邱园的建筑》（*Buildings at Kew in Surry*），1763年出版。

《论东方造园》（*Dissertation on Oriental Gardening*），1772年出版。

钱伯斯的书获得英国社会上层人物的青睐，订阅其书的人员中包括威尔士王子等， 英王乔治三世也赏识其建筑才能，任命他担任王室克欧花园设计师，建造了“邱园”（Kew Garden，即“皇帝植物园”），园中建造了一座中式宝塔：其受中国园林设计元素的影响显而易见。其园林作品，对市民之影响也是立竿见影的。

几乎与钱伯斯同时，英国海军上将乔治·安逊（George

Anson）勋爵也抵达中国广东。但他对中国的观察，最后所得出的结论却与钱伯斯大相径庭。

1740年9月，安逊“百夫长”号战舰进攻西班牙在南美的殖民地，图中遇飓风并被西班牙军舰追击被迫绕行好望角，多次遇险后，1741年11月13日，漂流至澳门港口。安逊在遭遇中国官民的推诿、训斥、抢劫、缺斤少两欺诈、贿赂等后，于1742年12月15日离开澳门返回英国，并最终于1744年抵达英国。安逊依据航海日记整理而成《安逊环球航海记》（*George Anson: A Voyage around the world in the year 1740 to 1744,London*），1748年在伦敦出版。书中记述有关中国的文字占全书六分之一，但这些文字大多都是负面报道，文中描述了澳门、广州两港口中国商民甚至官员们的狡诈、贪婪的形象。这部书成为中国形象负面报道的典型，英国从“中国热”中转向，这本书成为英国人眼中中国人形象的一个分水岭。经过长达半个世纪的负面酝酿，19世纪的西方，尤其是英国，终于完成了对中国形象的重新定位——落后而虚弱、专制而矫饰。

下午我至爱丁堡新城的一家书店——Waterstone。这是一家占据四层面积的较大卖场，一楼是精装书、畅销书和文具，地下是历史和自然科学类图书，二楼是文艺、少儿类图书，三楼是体育、旅游、生活类图书。中国题材的书我仅看到有关毛泽东、邓小平、李小龙、太极拳以及旅游指南之类的书。我购了一本DK出版公司出版的《中国旅游》。

约五点，去皇宫，适逢伊丽莎白女王20分钟前刚入住爱丁堡苏格兰皇宫，未能进园。

7月1日

上午8:00我乘火车自爱丁堡至杜伦，9:20至。约10:30至我的女儿耿依舒住处。11:30至杜伦大学，简单午餐后即前往一座十一二世纪的大教堂参加依舒毕业典礼。约3:00结束。整个仪式庄严肃静，体现了一种尊重知识、敬重人才的浓烈氛围。

杜伦大学创建于1832年，是英格兰创办最早的大学之一。在人文社科领域、神学和历史专业方面均居英国大学排名前列。杜伦大学图书馆是英国六大图书馆之一，其东方博物馆曾收购耶茨（W.P.Yetts）、克鲁克（A. N. Crook）和韦利的部分藏书，先后收藏了马尔科姆·麦克唐纳（Malcolm Macdonald）、查尔斯·哈丁（Charles Harding）和亨利·德拉紫罗（Henry De Lazio）等人的书籍，藏书量达到100多万册，均是有关东方，尤其是东亚的书籍。这一数字至今仍在增长中。其东方博物馆所藏中文图书在全英国也名列前茅，这也是杜伦大学自20世纪50年代以来成为英国汉学研究的基础。杜伦大学所藏中文书籍的具体情况还需要进一步的考察和研究，藏书量、来源、时间、所藏类别、利用情况、科研成果等还有待深入了解。

杜伦大学设立汉学研究专业始自1952年，由斯波尔丁托管基金会创始人斯波尔丁博士（Dr. H.N. Spalding）赞助设立。同时聘请道森任汉语讲师并兼古尔本基考古艺术博物馆（“东方博物馆”前身）馆长。1989年在此基础上与日本学研究相结合，成立东亚研究系（Department of East Asian Studies）。1962年开始授予汉语学士学位，之后又增设了硕士与博士学位。知名教授、专家有汉语史专家巴恩斯（A.C. Barnes）、中国史专家普拉特（K. Pratt）、晚清史及思想史专家斯塔尔（J. Starr）等。但遗憾的是杜伦大学校方2003年决定取消东亚研究系，这一决定引起了不少争论，但最终结果并没有改变。不过，目前汉语教学仍在进行中。

东亚研究系的系内刊物《杜伦东亚论文集》与由柯曾出版社公开出版的“杜伦东亚系列”值得关注，待有机会收集其原书版本。

杜伦大学研究汉学起步虽然较晚，但其丰富的近现代中文藏书却可以与牛津大学、剑桥大学相比一番。关于杜伦大学的中文藏书，以前关注得不够，这是一个有待挖掘和研究的课题，它将告诉学者战后中文书籍流播到英国等西方国家的途径和方式，学术是否与政治联结，也许在这里可以找到一点点答案。

关注完20世纪杜伦大学的汉学研究之后，我更有兴趣转到18世纪英国人目击中国的历史方面。

《安逊环球航海记》出版后，英国乃至欧洲想象中的“美好”中国形象开始摇晃，批判的理性目光再次回归到英国人眼中，英国人开始重新审视耶稣会会士书简集中和他们的著述中中国形象的双面性，中国文化中的悖论被17世纪中叶的英国人开始重新忆起并将之付诸文字，唤醒民众“中国热”需要以凉水洗脸。

在安逊之前，英国皇家学会十分热衷收集中国情报。皇家学会主席那顿的继任者斯隆（H. Sloane, 1660–1753）与法国耶稣会士洪若翰（Jean de Fontaney）认识并书信来往。皇家学会会员莫帝默（Cromwell Mortimer）编辑《哲学汇刊》，与在华耶稣会士戴进贤（I.Koegler,1680–1746）、徐懋德（A.Pereira,1689–1743）长期保持着通信联系。法国耶稣会士以科学精神著称，他们眼中的中国已经充满了矛盾，他们写回欧洲的信中已经不再是一片艳羡或惊奇之词，帝国的贫困和多神教的困惑以及对科学的轻视常常流于笔端。遭遇雍正驱逐的耶稣会会士屡屡发表对中国皇帝的不满以及对中国政治的失望。这些消极的文字信息恰恰是“中国热”降温的远因，而安逊的书不过是导火索而已。

安逊贬低中国文化和中国人的言行引发了关于中国形象的争论。这场争论波及欧洲大陆，尤其是法国的启蒙思想家们也分成了两种不同的阵营，如卢梭（J. J. Rousseau）和孟德斯鸠都对安逊进行了声援，而伏尔泰则对安逊进行了义正词严的驳斥。在英国，哲学家休谟（David Hume,1711–1776）、古典政治经济学家亚当·斯密（Adam Smith,1723–1776）、文学家约瑟夫·斯彭斯（Joseph Spence）等则对中国文化进行质疑，而博林布鲁克、沃尔波尔、威廉·琼斯则都对安逊进行了回击，并著文推崇中国文化，但总体而言，中国文化拥趸者的声音似乎弱小了些。

对中国文化贬斥的背后实质上暗含着商业利益。经济的、市场的、金钱的骚动是另一股力量，代表着新兴的资产阶级的利益，与英国政治家、商人、学者一起加入到了给“中国热”降温的队伍中。安逊事件后清政府对英国的戒心大增，对英国商人的限制反而更加严厉。英国商人洪任辉在乾隆二十年（1755）之后因广东贸易收紧而屡屡北上，转赴浙江宁波进行贸易，企图开辟新的市场，这一举动仍然触撞了乾隆闭关的禁条。1759年洪任辉请求开放宁波市场，不仅遭到乾隆回绝，还将其圈禁于澳门，并导致清廷对英贸易退缩至仅限澳门一地。这一消息在英国报道后，中国的形象，尤其是官员的腐败和皇帝的专横，让英国的商界，尤其是地位正在冉冉上升的资产阶级对中国文化大失所望。正是在这种背景下，英国政府为了商业利益，决定派出外交使团直接与清廷沟通。

1787年，英王乔治三世任命卡思卡特中校（Lt.Col. Charles Cathcart）率英国政府使团访华。其目的是改善中英通商现状，声明英国对中国并无领土野心。乔治三世为了表明使团纯属商业行为，还特意让英国东印度公司和其他商人赞助共同承担使团费用。由此，我们应当相信卡思卡特使团应当是以商业为主要目的，但其背后肯定具有政治试探和文化试探的目的。然而，遗憾的是，卡思卡特却于1788年病逝于航海途中，这次尝试性交流因疾而终。不过，正因为如此，乔治三世才于1792年派出了以乔治・马戛尔尼（Lord George Macartney,1737–1806）为特使的多达800人的使华队伍。

1792年9月，马戛尔尼乘“狮子”号（The Lion）军舰，配以“印度斯坦”号（Hindostan）与“豺狼”号（The Jackal）等船，共800多人，包括翻译、秘书、乐手、工匠、士兵及自然科学家、航海家等，这个浩浩荡荡的使团于1793年6月21日抵达澳门，7月26日到达天津外海。9月14日，乾隆在热河万树园接见了英国使者马戛尔尼，也就是这一天清帝亲手接过了英帝国的国书，两个帝国国家层面的交流由此拉开帷幕。

18世纪60年代英国进入工业革命时期，海外市场与工业资源成为资产阶级青睐、扩张、殖民海外的直接动因。英国派出使团的直接目的便是借通商以换取巨额利润和广阔市场，而间接目的则是探清中国文化、政治、军事、经济、社会等底细，以验证欧洲原有的中国观。

乾隆皇帝在各级官员的欺哄下，错以为这是一个来自遥远国度的另一批白人朝贡者，是祝贺自己八十大寿的红毛番“贡使”，因此十分乐意地赏赐了马戛尔尼使团大量礼物以表欢心。这种文化俯视的态度是在乾隆皇帝完全不了解英国国情的情形下，完全不知道西方科技发展、工业革命的情况下，完全不知道坚船利炮的威力下所产生的“怀柔”远人的优越感。对马戛尔尼所提互派公使，在北京设洋行，开浙江、天津贸易口岸，在广州拨地以居留等要求乾隆皇帝一口回绝，并命和珅将复信转交给马戛尔尼。在清廷的冷落下，马戛尔尼于10月7日分两路取道宁波和广州抑郁返航。

马戛尔尼使团是在中英两国互不了解的情况下所发生的一次错误交流。一系列甚至充满戏剧性的文化误读，流毒至今仍不能消散。马戛尔尼使团返回英国后，使团成员出版了一系列的关于出使经过和考察中国的书籍。这些书籍的出版让英国的“中国热”彻底冷却。英国人心目中美好的中国梦想彻底破碎。一个虚胖的、羸弱的、落后的、不堪一击的中国形象被英国人再次虚绘起来，就如想象美好一样，恶劣形象的描绘也同样充满片面的形象。

在中英各阶层人士交往的对视目光里，互不信任的错位阅读，拉开了中国的苦难历史。假如乾隆是先知，我们不知道另一个乾隆该如何对待马戛尔尼。

马戛尔尼使团的成员回国后在伦敦出版十数种书籍，主要有：

“狮子”号第一大副爱尼斯·安德逊（Aeneas Anderson）著的《英使于1792–1794年赴华记述》（*A narrative of the British embassy to China in the years 1792,1793，and 1794*）最早出版。1795年由伦敦戴布莱特（J. Debrett）出版社出版。同时，该书还出了删节本，以书名《马戛尔尼使华纪实》（*An Accurate Account of Lord Macartney's Embassy to China*）出版以满足更多读者需求。该书为日记体，记述了使团完整路线和沿途见闻，并叙述了乾隆皇帝接见马戛尔尼的经过。出版后备受欢迎，至1797年重印8次。1795年美国纽约斯沃兹（T. and J. Swords）据原版翻印。

1795年，威廉·温特博瑟姆（William Winterbotham,1763–1829）著《从历史、地理和哲学的观点看中华帝国》（*An Historical, Geographical and Philosophical View of the Chinese Empire: Comprehending a Description of the Fifteen Provinces of China, Chinese Tartary, Tributary States; Natural History of China; Government, Religion, Laws, Manners and Customs, Literature, Arts, Sciences, Manufactures, etc.*）出版。这是使团成员出版的第二部关于中国的书，由伦敦雷德瓦特与伯顿（J. Ridcwat and W. Button）出版社出版。1796年，美国费城再版了这本书。这是一本关于中国历史的书，书中对中国朝代历史进行了描述，还对中国自然地理和宗教、法律、军事、民俗、礼仪等社会生活进行了介绍。

以上都是私人所记，而流传最广的则是由副使乔治·斯当东（Sir George Leonard Staunton）所著的官方记录《英使谒见乾隆纪实》（*An Authentic Account of an Embassy from the King of Great Britain to the Emperor of China, London,1796*）。这部书对使团筹备、经费、人员构成、航行路线及人员交涉、沿途见闻、谒见乾隆皇帝的细节以及沿途考察情况等都进行了详尽描述。这部带有英国官方色彩的关于中国的权威著作甫一出版，便迅速风靡欧洲和美国。首版由伦敦亚特拉斯（Atlas）出版社出版。其后，1797年伦敦布尔摩（W. Bulmer）出版社翻印。1798年，伦敦尼克尔

（G. Nicol）出版社翻印，伦敦再版多达十数次。1799年美国费堪贝尔（Comp bell）出版社翻印了此书。此书在欧洲大陆广为流行，并被翻译成德、 法、意、俄、丹麦、波兰等语重新出版。直到今天，这部书依然是记录使团情况的最权威读本。

1798年，使团卫士塞缪尔·赫尔摩斯（Samuel Holmes）所记《塞缪尔·赫尔摩斯日志》（*The Journal of Mr. Samuel Holmes, Serjeant-major of the XIth Light Dragons, During his Attendance, as one of the Guard on Lord Macartney's Embassy to China and Tartary, 1792-1793*）出版。这是一本从一名士兵的角度所观察的中国记录，是赫尔摩斯途中随时所记，回国后这本日记也没有进行加工整理。这本未加工整理的日记因具有较高史料价值而常被研究者引用。

1804年，使团总管约翰·巴委出版其著作《中国旅行》（*Travels in China, containing Descriptions, Observations, and Comparisons, Made and Collected in the course of a Short Residence at the Imperial Palace of Yuen-min-Yue, and on a Subsequent Journey through the Country from Pekin to Canton, London, Strahan Printers Street*）。本书由伦敦T. Cadell and W. Davies 出版，次年美国费城W. F. M’ Laughlin出版社重印。本书是巴委记录的使团活动和其本人在华的见闻，他还对使

团其他史料进行了研究，因而这本书被视为学术著作，甚至被视为英国汉学史上里程碑之作。

约翰·巴委（John Barrow,1764–1848）曾是使团副使乔治·斯当东之子小斯当东的家庭教师，回国后又担任斯当东的图书管理员，并协助斯当东完成了官方记录《英使谒见乾隆纪实》一书，其后又担任马戛尔尼秘书，因此当他的另一部著作《马戛尔尼政治生涯纪实》（*Some Accounts of the Public Life, and a Selection from the Unpublished Writings, of the Earl of Macartney*）于1807年出版，因其公布了新史料和新的研究成果，此书出版后深受学术界重视。该书由凯戴尔和戴维斯（T. Cadell & W. Davies）出版社出版。

马戛尔尼使团成员出版的论著还有一些，不再赘述。我们更关注的是这些记录和研究，它们是英国文化背景里投射出来的西方目光，他们以资本主义初兴时期的勃勃生机仔细扫视了中华封建帝国的垂暮之年，其间的感受落差自然形成了瀑布之势。这种历史的酸甘正弥漫在英国纽卡斯尔火车站的一间旅馆里。我活着，正在思考着。现在，历史鲜活起来。

7月2日

昨晚九时我自杜伦抵纽卡斯尔。

在汉籍西传的旅程中，必须知道中文书籍的英伦之旅中的一件事，这就是1764年法国巴黎耶稣会士图书馆解散时，这座图书馆里的中文书籍和地图大多流散到了英国，并由大英博物馆收藏。法国所藏的中文原版书籍主要是由傅圣泽所携，这批书的命运需要专文研究。至今，梵蒂冈图书馆藏有傅圣泽在北京和广东购买中文书籍的购书清单，我已查到这个清单手抄本。但1762年法国解散耶稣会后，其图书馆为何散亡，尚不清楚。但我们可以肯定的是这批中文书籍目前大多在英国。

英国在法国解散耶稣会后，逐渐代替法国成为汉学研究中心。其收藏中文书籍的途径大为拓宽，除批量购进外，如收购法国藏中文书籍，英国大英博物馆、牛津大学、英国皇家学会、亚洲学会、英国东印度公司等机构都加入到了购买中文书籍的行列。现在这些中文书籍成为汉学研究的基础，但在当时几乎无人通晓汉语的境况下，这些书籍究竟有什么用处呢？

实际上，18世纪真正能读懂中文的英国人可能只有诗人威廉·琼斯（William Jones，1746–1794）。直到19世纪初，1803年来自纽卡斯尔的马礼逊（Robert Morrison，1782–1834）来到伦敦，才真正开始有英国人借助大英博物馆里的中文藏书学习汉语。

让我倍感亲切的是，此时我正在马礼逊的故乡——纽卡斯尔。马礼逊是一座中英文化交流的真正桥梁，此岸是英文，是基督教新教，是《圣经》；彼岸则是中文，是中国文化，是儒家经典。19世纪，中英之间因为有了马礼逊，两国之间的文化开始对流。

2001年我到大象出版社担任总编辑时责编的第一本书就是《马礼逊——在华传教士的先驱》。马礼逊1782年出生于诺森伯兰郡布勒古林（Buller's Green），1785年其父母将家搬至纽卡斯尔。在这里，他在海布里奇（Highbridge）教堂霍顿牧师（Rev. J. Hutton）的主导下加入基督教会。19岁时，马礼逊跟随纽卡斯尔长老会的莱德勒牧师（Rev. W. Laidler）学习拉丁语、希腊语、希伯来语。1803年，马礼逊考入伦敦附近霍克斯顿（Hoxton）神学院。1805年获准加入伦敦会。1806年开始跟随旅居伦敦的中国人客三德学习汉语，1807年他取道美国前往中国，9月4日抵达澳门，后转赴广州。1809年开始翻译《圣经》。1809年2月在多马·斯当东的帮助下，他被英国东印度公司聘为翻译。1813年马礼逊完成《新约》全本一半的汉译，另一半则参考抄来的不列颠博物馆中1739年收藏的耶稣会士费清泰选译的《新约全书》中文译稿进行修订，1814年马礼逊雇工刻印《新约》2000册，同年他和米怜开始合译《旧约》，1823年他在马六甲以《神天圣书》（*The Holy Bible*）为书名合集新、旧约汉译，共装订成21册线装书正式出版。

马礼逊除翻译《圣经》外，还于1818年在马六甲创办了英华书院，尝试进行英语、汉语教学，推动中英文化共同授课，为新教传播奠定人才基础。

在翻译《圣经》的同时，马礼逊参考陈荩谟《五车韵府》等上万卷中文典籍，编著成6册4开本巨型工具书《华英字典》，分三部分别出版于1815年、1819年及1822年。为印刷这部字典，东印度公司从英国运来活字机械印刷机，并雕刻中文铅活字，这一印刷机也成为中国最早引入的西方活字印刷机，中国近代出版业由此诞生。

马礼逊在担任翻译期间，1816年跟随英国阿美士德使团到北京，以英国使团汉文正使身份参与活动。1824年马礼逊返回英国，同年被选为英国皇家学会会员。他所随行携带的12000册中文书籍存放于伦敦大学学院，后被捐赠。1826年马礼逊再次回到中国，1834年病逝于广州。

马礼逊开创了基督教新教在华传教的基业。18世纪末19世纪初，英国活跃的各类新教海外传教使团，比较知名的有公理会（The Congregational Church）、长老会（The Presbyterian Church）、信义会（The Evangelical Lutheran）、浸礼会（The Baptist Church）、圣公会（The Holy Catholic Church）等。公理会在全球十分活跃，其海外传教会又分出若干分支机构：1795年成立伦敦传教会（London Missionary Society），1796年成立苏格兰传教会（The Scottish and Glasgow Missionary Society），1799年成立教会传道会（The Church Missionary Society），1804年成立大英圣经公会（British and Foreign Bible Society）。英国的海外传教机构团体在19世纪相继来到中国，依时间顺序大致为：1807年，伦敦会；1837年，英国圣公会；1845年，英国普通浸信传道会（General Baptist Missionary Society, England）；1847年，英国长老会；1852年，大英循道会（Wesleyan Missionary Society, England）；1853年，英国中华福音会（Chinese Evangelization Society, England）；1860年，英国浸礼会；1860年，英国卫理公会新教派传教会（New Connection Methodist Missionary Society in England）；1862年，英国中华传道会（Chinese Inland Evangelization Society）；1862年，英国海外福音传播公会（Society for the Propagation of the Gospel in Foreign Parts）；1865年，英格兰长老会差会（Mission Board of the

United Presbyterian Church of Scotland）；等等。19世纪活跃于中国的基督教传教使团，数量最多的是英国和美国，最早来到中国的就是马礼逊。其次是1827年的荷兰传道会（Netherlands Missionary Society），往下则是1830年进入中国的美国美部会（American Board of Commissioners for Foreign Missions）。但美国传教会后来居上，不久就超越了荷兰、瑞典、德国、法国等国，成为唯一可与英国传教团体相抗衡的传道势力。不过，居首功者非马礼逊莫属。马礼逊筚路蓝缕地开创了传教的成功模式：学习汉语，翻译《圣经》及其他福音书，用中文著述，学习方言，编写出版各种出版物，创办学校或医院等机构，撰写有关中国情况的报告或书籍，翻译经典，等等。这些文化活动无疑有助于传教士在中国站稳脚跟，使其更容易取得中国人的好感，其传教活动也更容易得到中国普通人的理解。毫无疑问，从马礼逊所从事的文化和传教活动，让我们已经感知到了中英两国文化交流与18世纪相比已经进入到了一个新阶段。

第一，英国试探性的使团性质的浮光掠影式的交流越来越向深入中国腹地的传教士模式转移。第二，中国被动反应式的文化心态非但没能知己知彼，被迫反应的惊慌失措更导致了民族文化自卑心理愈发强烈，从妄自尊大的强势心理滑入妄自菲薄的自卑心理，并且深陷其中而不能自拔，以致失去文化自我。第三，在商业和文化不能解决问题的时候，英国选择了战争，文化没能为解决问题提供应有的帮助，还可能因为交流而让英国人认准了中国的军事虚弱和文化弱点以及民族心理的惶恐。第四，英国文化及其宗教信仰大举进入中国并广泛传播，一改18世纪中国文化备受英国本土关注的局面，文化流向以实力为导向的历史规律再次得到验证，英国尽管对中国文化的相关报道依然具有热情，但他们更多是以猎奇的心理看待中国落后的文化。这种非平等交流恰恰是乾隆皇帝的心理，但自鸦片战争之后，历史的天平却倾向了英国。第五，文化交流日趋繁多，但误读误解的鸿沟并未填平。不过，令人欣喜的是中英双方均有不同的文化精英被对方所吸引、所感染、所鼓舞，为双方文化的交流而不懈努力。这种精神让双方都感知到了文化英雄的力量。文化是无形的，但它又是充满了力量的。这一认识，至今依然朝气蓬勃。

7月3日

早8:43我自纽卡斯尔过伯明翰转至小镇什鲁斯伯里，这里是达尔文（1800–1852）的故乡。依舒中学据此镇不远，协和学院里有英格兰最早的教会建筑。

下午5:40我坐大巴去拜见依舒的历史老师，行车在英格兰乡间一个小时，十分惬意。

达尔文的“物竞天择”进化论，无意中成为英国殖民主义的理论基础，也普遍被推及理解其他学科。人文科学和自然科学都借“进化论”的指引和指导而向前推进，“社会进化论”甚至演变成“弱肉强食的庸俗社会论”，劣等民族的概念因之而出，文明的优劣似乎也可以据进化论去生硬地或者错误地区分归类。正是这一理论的庸俗化，19世纪的英国对海外殖民变得理直气壮起来，我们不能将进化论与中英鸦片战争直接联系起来，但我们可以将中国的负面形象与英帝国的文化优越感直接挂起钩来。

进化论的影响具有深远性。说其深是因为它几乎成为各个学科的普遍理论基础，它是一种思维方式，甚至是哲学，甚至是上帝的颠覆者。按照进化论，人是由类人猿进化而来的，这与上帝创造人发生了直接冲突，这不仅成为理论创造者的巨大苦恼，而且还激发了欧洲文明世界的理性之问——上帝是否存在？说其远，是因为它直接启发了尼采的“上帝死了”的惊世之论，西方的神学基础由此而动摇。西方文明的道德优越感因为神被怀疑而被质疑，技术的革命并不能带来道德的提升，还摧毁了人对于上帝存在的最后一丝幻想。接下来西方世界的第一次、第二次世界大战并没有验证进化论的正确与否，反而成为对人的理性的嘲弄和捉弄。战争的屡屡爆发是因为上帝的死亡还是因为上帝的存在？无人回答，连上帝也不能回答。

由这个小镇所引发的进化论也波及了庞然大物般的中国。在19世纪晚期，进化论传入中国，严复所译赫胥黎的《天演论》等书籍，在中国知识界产生了巨大的冲击。救国图强，戊戌变法的思想诱因均具有进化论的基因。在人们普遍相信“物竞天择”的思想背后，是否还深深隐藏着文化的自卑呢？我们不能以“中体西用”来完成回击文化的自弃。如果说由“师夷长技以制夷”所引发的洋务运动还保留了些文化自信的话，那么到了“百日维新”和君主立宪，我们看到的已经是深深的文化自卑了。

权力的掌握者经常互换，文化的权力表现在话语权，争夺对民众的影响力是国家权力的表现。如果推展至民族、国家文化交流，我们也已经清醒地认识到了话语权的流向体现了文化的实力和权力。而书籍就是个人的、民族的、国家的话语载体。

19世纪中英书籍的交流已经逆转。就其特点而言，大体表现在：第一，英文书籍的汉译占主导地位，不仅仅是神学书籍，大量自然科学著作也被译介入中国；第二，欧洲、美国了解中国依赖其传教士、商人和外交人员的见闻录、游记、研究著作和翻译著述的局面依然是主流； 第三，汉籍西传得以规模化，汉籍西译得以系列化，汉学研究得以专业化。

自英国基督教新教传教士马礼逊以来，英美等国传教士始终担负着双重职责，将《圣经》和一系列神学著述译为中文出版并散发到中国民众中去，同时也以英文撰写中国见闻记事、研究中国著述，并翻译汉籍经典以帮助国内了解中国。在19世纪70年代之前，传教士是沟通中西的主力。

据《1867年以前来华基督教传教士列传及著作目录》记载，英国在1867年以前来华传教士人数为144人，其中以英文撰写有关中国主题书籍的传教士有28位。

其中，中国经典的西译版本如下：

传教士马士曼（Joshua Marshman）译《论语》（*The Works of Confucius, containing the Original Text, with a translation to which is Prefixed a D; ertation on the Chinese Language and Character*），英汉对照，第一册，4开本，1809年塞兰坡出版。此本仅译《论语》前半部分，非独立版本。马士曼在《中国言法》一书中附录《大学》英译本，1814年，塞兰坡出版。

英译《大学》的版本马礼逊译本早于马士曼本。马礼逊译本收入其《中国文集》（*Horace Sinicae: Translations from the popular Literature of the Chinese*）中，1812年，伦敦出

版。此版本经蒙图奇（Montucci）修订，1817年伦敦重版。收入《中国文集》中的还有马礼逊译《三字经》，这是英译最早版本的《三字经》。

将“四书”（《论语》《孟子》《大学》《中庸》）译为英文的合集本是英伦敦会的高大卫（David Collie）。高大卫跟随马礼逊学过汉语，曾担任英华书院的汉语教师和图书管理员，后任校长。其《注解本英译四书》（*The Chinese Classical Works, commonly called the Four Books, Translated and Illustrated with Notes*），8开本，共185页，1828年马六甲出版。此“四书”待核原书。

翻译中国经典成就最大的是理雅各（James Legge, 1814–1897）。1839年理雅各与米怜的儿子美魏茶同船来华。理雅各最初负责英华书院印刷所，1843年英华书院自马六甲迁至香港后，理雅各负责学校教务。理雅各自1841年得查顿（William Jardine, 1784–1843）和颠地（Lancelot Dent,1799–1853）资助开始翻译汉文经典，在1845年返英治病期间多次谈论系统翻译中国文化经典的价值和重要性。1848年他再抵中国并继续管理英华书院（1844年改名英华神学院）。1858年6月又回到英国治病并联系英译汉籍的出版事宜，次年又返回香港，长期担任英国公理会牧师。1875年理雅各被牛津大学聘为首任中国语言文学教授，1897年

11月29日病逝于牛津。理雅各是唯一一位将中国经典“四书”“五经”系统翻译为英语的英国人。从1861年至1886年理雅各在香港和伦敦陆续出版了《中国经典》（*The Chinese Classics*）。《中国经典》第一卷，包括《论语》（*The Confucian Analects*）、《大学》（The Great Learning）和《中庸》，XIV+136+137页，1861年，香港出版。第二卷为《孟子》（The Works of Mencius），1861年，香港出版，VIII+126+497页。第三卷，《书经》（*The Shoo King: Books of Historical Documents*），1865年，香港出版，735页。第四卷，《诗经》（The She King: Books of Odes），1871年出版。第五卷，《春秋》《左传》（*The Ch'un Ts'ew with Tso Chuen, Spring and Autumn Annals and Tso Chuen*），1872年出版。1893年、1895年又修订后再版。增加了《礼记》（*The Li Ki:The Book of Rites*）、《易经》（*The Book of Changes*）。理雅各汉籍翻译的成就得到了国际汉学界的普遍称赞，法国的儒莲、英国的翟理斯对此高度赞扬。在国际汉学界，理雅各被公认为与法国顾赛芬（Seraphin Couvreur,1835–1919）、德国卫礼贤（Richard Wilhelm,1873–1930）并列的三大汉籍翻译大师。

理雅各翻译的“四书”“五经”是一个宏伟的系统工程。这项艰巨的事业，得到了英国鸦片商人查顿和地的资助，其后期出版得到了牛津克拉伦登出版社的支持。但其之所以能够完成如此翻译伟业，还得益于他的中国朋友的长期支持和协助，这些理雅各的汉人朋友包括王韬、黄胜、洪仁玕、黄亮、何进善、何启等人。

7月4日　什鲁斯·伯里

什鲁斯·伯里图书馆前矗立着一尊雕像，是达尔文手捧书卷的一尊半身像，这是此镇知识的象征。我住的酒店，正在图书馆侧面，紧邻火车站。

上午到什鲁斯·伯里。行至一座教堂，这座教堂912年始建，1789年重修重建。由这座教堂我们可以直观地感受到这座小镇的古老和文化。

街上有一家英国最著名的连锁书店什鲁斯·伯里书店。我关注了一下该连锁书店各图书类别所占的店面空间，所占面积最多的是儿童图书，超过14个书架，其次是小说类，占11个书架，小说按作者首字母和小说名首字母排序，其中精装古典经典小说占了两个书架。历史和传记类图书各占7个书架，由此可知英国读者对历史和各类传记很感兴趣。紧随其后的是旅游类和烹饪类，关注生活品质也许是英国大众文化的一部分。据此观察，也应当是英文出版的大宗，大众出版的方向也可据连锁书店而知市场之冷热。

19世纪英国传教士研究中国的英文著作出版随着中国门户的开放日趋增多，同时也成为影响英国决策的一股文化力量。举其大端，重要的图书出版物有：

马礼逊著的《中国大观》（*A View of China, for Philosophical Purposes*），对中国历史、地理、宗教、礼俗、政治等进行了概述。4开本，VI+141页，澳门，1817年版。

马礼逊著《中国：一位父亲同其两个孩子关于这个国家历史和现状的对话》（*China: Dialogues between a father and his two children concerning the history and present state of that country*），这是马礼逊回英国途中和自己两个孩子的对话，12开本，120页，伦敦，1824年版。

马儒翰著《关于中国人佩戴或者悬挂在房中等地方的护身符、辟邪物和饰物的一些说明》（*Some Account of Charms, Talismans, and Felicitous Appendages worn about the person, or hung up in houses, &c, used by the Chinese*），4开本，6页，伦敦，1833年。

麦都思著《中国：现状与前景》（*China: it's State and Prospects, with special reference to the special of the Gospel*），8开本，XVI+582页，伦敦，1838年版。

基德（Samuel Kidd）著《中国：图解中国人的信仰、哲学、古物、习惯、迷信、法律、政府、教育、文学》（*China or Illustrations of the Symbols, Philosophy, Antiquities, Customs, Superstitions, Laws, Government, Education and Literature of the Chinese*），8开本，403页，伦敦，1841年。

埃文·戴维斯（Evan Davies）著《中国及其精神需求》（*China and her Spiritual Claims*），12开本，IX+134页，伦敦，1845年。

理雅各著《中国人关于上帝和灵魂的观念》（*The Notions of the Chinese concerning God and Spirits*），8 开本，VII+166页，香港，1852年。

威廉·吉里斯皮（William Gillespie）著《秦国：中国和华人教会》（*The Land of Sinim, or China and Chinese Missions*），12开本，XI+240页，爱丁堡，1854年。

托马斯（James Thomas,1862–1940）编、伟烈亚力（Acexander Wylie）著《中国之研究》（*Chinese Researches*），271页，上海，1897年。

哥伯播义（Rev. Robert Henry Gobbold）编著《中国人自画像》（*Pictures of the Chinese, drawn by themselves*），内容包括木刻图版和石印图版，8开本，VI+220页，伦敦，1860年。

艾约瑟迪谨（Rev. Joseph Edkins B.A.）著《中国人宗教情况及对其基督化前景的观测》（*The Religious Condition of the Chinese:with Observations on the Prospects of Christian Conversion amongst that People*），16开本，VⅢ+288页，伦敦，1859年。1861年出版，列东读物版本，其受众普及到了普通民众。

毕儿（Samuel Beal, 1825–1889）是将佛教介绍给英国人的开拓者。1852年毕尔来华，1877–1889年被伦敦大学学院聘为汉学教授，他的三部著作奠定了英国佛学研究基础。《法显宋云游记》（*The Travel of Fah-hsien and Sung-Yun*），1869年；《汉文佛典纪要》（*A Catena of Buddhist Scriptures from the Chinese*），1871年；《中国佛教》（*Buddhism in China*），1884年。

湛约翰（John Chalmers,1825–1899）是较早将中国道教介绍给英国的传教士。其译著《对老子思辨哲学、国家说、道德论的考察》（*The Specalations on Metapysics, polity and Morality of The Old Phicosopher Lou Tsze*），1868年，伦敦出版，其中部分为《老子》的英译译文。

杨格非（John Griffith,1831–1912）著《中国的希望》（*Hope for China*），1872年版；《中国的呼声》（*A Voice from China*），1907年版。

艾约瑟（Joseph Edkins,1823–1905）对中国的文学、宗教和商业贸易都有十分深入的研究，曾著有《中国人的宗教状况》（*The Religious Condition of the Chinese*），1859年；《中国的宗教》（*Religion in China*），1878年；《中国的佛教》（*Chinese Buddhism: A Volume of Sketches, Historical, Descriptive and Critical*），1893年。

此外，非传教士外交人员对中国的研究也日益深入，如多马·斯当东著有《中英商业往来札记》（*Miscellaneous Notices Relating to China and Our Commercial Intercourse with that Country*），1822年；《论英中关系及其改善之进言》（*Remarks on the British Relations with China and the Proposed Plan for Improving them*），1836年；《英中商务考察》（*Observations on our Commerce*），1850年。

德庇时（John Francis Davis,1795–1890），著有《汉文诗解》（*On the Poetry of the Chinese*），1829年；《中国人：中华帝国及其居民概述》（*The Chinese: A General Description of the Empire of China and its Inhabitants*），1836年；《中国概况：从北京到南京和广州的中国内地之行随想以及对目前战局的观察》（*Sketches of China, Partly during an Inland Journey of Peking, Nanking and Canton with Notices and Observations relative to the present War*），1841年。

李太郭（George Tradescant Lay, 1800-1845）著有《真实的中国人：他们的道德、社会和人文品质》（*The Chinese as they are: their Moral, Social and Literary Character*），1841年。

7月5日 什鲁斯·伯里、牛津

上午我在什鲁斯·伯里，至古城堡及公园。中午13:20乘火车至牛津。

传教士与非传教士所写的游记和个人传记、回忆录是英国人喜欢阅读的另一类有关中国的读物。比较重要的有：

马礼逊著《1816年英政府遣使清廷要闻实录》（*A Memoir of the Principal Occurrences during an Embassy from the British Government to the Court of China in the Year 1816*），8开本，68页，伦敦，1819年。

马礼逊著《米怜牧师传略》（*Memoirs of Rev. William Milne*），8开本，231页，马六甲，1824年。

马礼逊夫人编著《罗伯特·马礼逊的生平和事业回忆录》，2册，8开本，IX+551页，伦敦，1839年。后附基德著《马礼逊博士作品评说》（*Critical Notices of Dr. Morrison's Literary Labours*），87页。

米怜著《基督教新教在华最初十年之回顾》（*A Retrospect of the First Ten Years of the Protestant Mission to China*），XⅢ+376页，马六甲，1820年。

埃文·戴维斯自传《在华传教十六年——撒母耳·戴尔牧师传》（*Memoir of the Rev. Samuel Dyer, Sixteen Years Missionary to the Chinese*），12开本，XⅥ+303页，伦敦，1846年。

雒魏林（William Lockhart）著《在华行医传教二十年》（*The Medical Missionary in China: a Narrative of Twenty Years' Experience*），8开本，404页，伦敦，1861年。

美魏茶（Wilciam Charles Milne）著《在华岁月》（*Life in China*），16开本，Ⅴ+517页，伦敦，1857年。被译为法语。

四美（George Smith）著《1844、1845、1846年代表圣公会前往中国各领事口岸以及香港岛和舟山群岛考察的记述》（*A Narrative of an Exploratory Visit to each of the consular Cities of China, and to the Islands of Hong Kong and Chusan, in Behalf of the Church Missionary Society, in the Years 1844,1845,1846*），8开本，XⅥ+592页，伦敦，1847年。附有12张插图和一张折叠地图。四美另一部著作涉及琉球岛：《琉球和琉球人：1850年10月琉球考察记》（*Lew-Chew and the Lew-Chewans*： *Being a Narrative of Visit to Lew-Chew, or Loo-Choo, in October,1850*），12开本，VⅢ+95页， 伦敦，1853年。

韦廉臣（Alexander Williamson,1829-1890）著《华北、满洲、东蒙和朝鲜旅行记》（*Journeys in North China, Manchuria and Eastern Mongolia with Some Account of Corea*），1870年。

多马·斯当东著《多马·斯当东爵士公共生活大事回忆录》（*Memoirs of the Chief Incidents of the Public Life of the Sir George Thomas Staunton, Bart*），1856年。

伟烈亚力著《上海文集——有关中国宗教、文献和科学的论文以及赴华新教徒回忆录》（*The Shanghai Serial, Articles on Chinese Religion, Literature and Science. Memorials of Protestant Missionaries to the Chinese*），1867年。

麦都思（Walter Henry Medhurst, 1796–1857）著《中国的现状和展望》（*China, It's State and Prospects*），8开本，192页，上海墨海出版社，1849年。

除“四书”“五经”儒家经典之外，传教士们和外交官们还翻译了一些其他中文书籍，同样值得关注。

米怜英译《圣谕广训》（*The Sacred Edict*），上谕为康熙所下，299页，伦敦，1817年。

多马·斯当东英译《大清律例》（*The Penal Code of China*），1810年。《异域录》（*Narrative of the Chinese Embassy to Khan of the Tourgouth Tartars in the Years 1712,1713, 1714 and 1715*），1821年。

伟烈亚力英译和研究著述《书经：历史经典——中华帝国最古老和真实记录》（*The Shoo King, or the Historical Classic, be the most ancient authentic record of the annals of the Chinese Empire, illustrated by later commentators*），1846年。《道德经：比较宗教浅谈》（*The Tao The King: A short study in Comparative religion*），1905年。

理雅各英译《佛国记：法显的印度和锡兰取经之行》[*A Record of Buddhistic Kingdoms: Being an Account by the Chinese Monk Fa-hein of Travels in India and Ceylon*（*A.D.399-414*） *in Search of the Buddhist Books of Discipline*]，1886年。

翟理斯译著《佛国记》（*Record of the Buddhistic Kingdoms*），1923年。《千字文》与《闺训千字文》（*Master Essays in a Thousand Chinese Characters*）；《聊斋志异》（*Strange Stories from a Chinese Studio*）；《洗冤录》；等等。

李提摩太译、元李志常著《西游记》。

19世纪至20世纪上半叶，英国对于中国的研究可以1875

年牛津大学设立汉学教授为分界，此前是传教士、外交官、商人为主的业余研究阶段，此后中国研究进入专业研究阶段，至1946年英国汉学研究进入一个新的历史时期，称自1875年至1946年的汉学研究为前期专业汉学研究阶段。

现在我仍然回到19世纪。19世纪的传教士和外交官关注最多的不是经典英译、游记与传记，他们最关心的是汉语学习和《圣经》的英译。汉语入门、字典词典双语工具书、方言等语言学习方面，是两国文化沟通的最重要的方面。

最值得关注的语言类书籍有：

马士曼的汉语语法书：《中国言法》（*Elements of Chinese Grammar*），4开本，XXⅢ+556+56页，塞兰坡，1841年。

马礼逊的汉语语法类书籍：《汉语言文之法》（*A Grammar of Chinese Language*），4 开本，280页，塞兰坡，1815年。

马礼逊在汉语言研究方面具有很高造诣。他所撰写和出版的系列语言类教科书和工具书均具有奠基性和开创性。如《中文会话及凡例》（*Dialogues and Detached Sentences in the Chinese Language: with a free and verbal translation in English*），8开本，262页，澳门，1816年。

《广东省土话字汇》（*Vocabulary of the Canton*

Dialect），分三部分，202+90+354页，8开本，澳门，1828年。

马礼逊最重要的语言工具书就是六卷本《华英字典》（*A Dictionary of the Chinese Language*），该字典分三部分，共4595页，4开本，收汉字4万多个，其第二部分是以《五车韵府》为底本并参考《康熙字典》编纂而成，这部字典对以后入华学习汉语之英语国家的人士具有重要的参考价值。

麦都思对汉语学习类书籍的编纂也颇多贡献，其成果有《汉语福建方言辞典》（*A Dictionary of the Hok-keen Dialect of the Chinese Language, according to the reading and colloquial idioms*），共收12000个词，64+860页，4开本，澳门，1832年。《汉语、朝鲜语和日语比较词汇表》，33+166页，8开本，巴达维亚，1835年。石印《华英词汇》（*Chinese and English Dictionary*），收录《康熙字典》中所有词汇，8开本，XXIV+1486+29+28页，巴达维亚，1842–1843年石印。《英华辞典》（*English and Chinese Dictionary*），2卷，VII+1436页，8开本，上海，1847–1848年。

学习各地方言是传教和经商必不可少的功课。湛约翰编纂了《粤语袖珍字典》（*A Pocket Dictionary of the Canton Dialect*），1872年。杜嘉德编纂了第一部厦门方言辞典：

《厦门话-英语大辞典》（*Chinese-English Dictionary of Vernacular or Spoken Language of Amoy*），英特鲁伯出版社（Truber and Co.）出版，1873年。艾约瑟编纂的《上海话语法》（*A Grammar of Colloquial Chinese as Exhibited in Shanghai Dialect*），225页，上海长老会出版社出版，1853年，是第一部西方来华传教士编写的汉语方言语法专著。艾约瑟还编有《汉语口语语法》（*A Grammar of the Chinese Colloquial Language*），1857年，上海，长老会出版社出版。其后艾约瑟还有《汉语口语进阶》一书，1862年在上海出版，这本口语教材因方便使用而颇受欢迎。

口语会话也是学习汉语的必修课。罗伯特（Robert Thom,1807–1846）编著的《汉英会话》（*The Chinese Speaker*），1845年，是较早的很有影响的一部汉语口语教材。

同时，随着西方医学和自然科学知识的译入，专业英语汉语工具书也已出现，如合信编纂的《英汉医学词汇》（*A Medical Vocabulary in English and Chinese*），1858年，就是一例。

最后还必须一提的是英国人威妥玛（Thomas Francis,1818–1895）为了方便北方方言学习和统一口语语言，设计了汉语拼读方案，之后翟理斯又进行了改进，这套“威妥玛-翟理斯”拼写法被广泛运用于国际交流，直到1981年国际标准组织确定以“汉语拼音方案”为中国人名地名罗马字母国际拼写标准，“威妥玛-翟理斯”拼写法始退出历史舞台。

7月6日　牛津

英国收藏中文书籍的机构主要有五个：不列颠图书馆、牛津大学图书馆、剑桥大学图书馆、伦敦大学图书馆、杜伦大学图书馆。此外，爱丁堡大学和利兹大学也收藏有一些中文书籍。

不列颠图书馆（The British Library）是1973年从不列颠博物馆（The British Museum）中独立出来的新设机构。1973年不列颠博物馆的原图书部专利图书馆（The Patent Office Library）、国家中央图书馆（The National Central Library）、国家科学技术借阅馆（The National Lending Library for Science and Technology）、英国国家文献馆（The British National Bibliography）科学技术信息部（The Office for Science and Technical Information）合并而成立不列颠图书馆。原不列颠博物馆所收藏的中文书籍悉数移至新图书馆中。

1753年不列颠博物馆建立，此馆与美国纽约大都会艺术博物馆、法国巴黎卢浮宫齐名，收藏中国文物2.3万余件。博物馆收藏的中国文物中最著名的一批藏品是敦煌遗书。斯坦因从1900年至1934年先后五次从我国新疆、甘肃劫掠的写本、文书、绘画、木简、织绣等大量文物除英属印度政府的印度德里中亚古物博物馆、今新德里的印度国立博物馆的收藏了一部分外，其余全部由不列颠博物馆收藏。1907年斯坦因在敦煌莫高窟藏经洞从王圆箓道士手中以200两银子的微不足道的代价劫走24箱经卷写本、5箱绢画和丝织品，清点之后有7000多件完整文物，6000多件残损写卷，这些文物1908年运抵不列颠博物馆。斯坦因第三次到中国西部探险考古（1913–1915）从王道士手中再次劫掠570多件写本长卷，其所获文书绝大部分收藏于不列颠博物馆。这批中国中古时期的写本书籍不仅是中国文化的珍宝，也是世界文化史上的奇迹。这批最著名的汉文书籍，还包括少量英文、回鹘文、龟兹文、于阗文、梵文等民族语言文书和书籍，目前均移至不列颠图书馆中。不列颠图书馆也因此成为世界上收藏中国敦煌和西域中文书本文献最多的图书馆。

不列颠图书馆东方和印度事务部所藏中文书籍共5万多册。其中，最重要的有：明《永乐大典》45卷；太平天国、天地会、戈登及常胜军等文献资料；嘉庆年间刻印的《乐府红珊》等民间折子戏、俗曲讲本；马礼逊所藏的中文古籍；

关于中英之间的外交文件；清及民国的2500种中文报刊；中国明清时期地图；等等。法国巴黎耶稣会图书馆中流散的中文书籍和地图大多收藏于不列颠图书馆。

18、19世纪英国皇家学会、皇家亚洲学会、英国东印度公司等机构不断搜集中国情报和中文资料及中文书籍，或供自己研究，或捐赠予不列颠博物馆。至19世纪60年代，不列颠博物馆所藏的中文书籍就已经达到让中国使团吃惊的程度。1866年（同治五年）张德彝随赫德至伦敦，1868年又随蒲安臣率领的清政府使团再至伦敦，两次他都参观了不列颠博物馆，他惊奇地发现馆内收藏着汉文、满文、阿文和英文、法文等共80多万卷有关中国的书籍。另一使臣刘锡鸿在其《英轺私记》中记博物馆中所藏书籍状况道：

> 其书之最要者，则有《十三经注疏》、七经、《钦定皇清经解》《二十四史》《通鉴纲目》、康雍上谕会、《大清会典》《大清律例》《中枢政考》《六部则例》《康熙字典》《朱子全书》《性理大全》，杜佑《通典》，《续通典》《通志》《通考》《佩文韵府》《渊鉴类函》殿版之四书五经、《西清古鉴》等类。其余如群儒诸子、道释杂教、各省府州县之志、地舆疆域之纪、兵法律例之编、示谕册贴尺牍之式、古今诗赋文艺之刻、经策之学、琴棋图画之谱、方技百家、词曲小

说，无不各备一种。至于粤逆伪诏伪示，亦珍藏焉。

上述中文书籍，大英博物馆将其列入中文藏书部。1865年博物馆聘汉学家道格斯（Robert Kennaway Douglas，1838–1913）担任不列颠博物馆中文藏书部助理、主任。张德彝、刘锡鸿访问不列颠博物馆时，正是道格斯管理着中文藏书。道格斯1858年来华，先后担任过英国驻广州领事馆、英国驻华公使馆汉语通事，对中文书籍十分熟悉。他于1887年出版了馆藏中文书目《不列颠博物馆中文刻本、写本、绘本目录》（*Catalogue of Chinese Printed Books, Manuscripts and Drawings in the Library of the British Museum*）。

不列颠博物馆中文书籍及绘画编目还有著名的《不列颠博物馆藏敦煌汉文写本目录》（*Description Catalogue of the Chinese Manuscripts from Tun Huang in the British Museum*），编者为翟林奈（Lionel Giles,1875–1958），又称小翟理斯，他的父亲是翟理斯。他于1900年被不列颠博物馆东方图书与写本部聘用，专管中文藏书，其最大成就是将斯坦因所劫掠敦煌遗书进行了编目。自1908年至1940年小翟理斯用了32年时间编成此目，其治学严谨，受到汉学界的好评，但其曾经刁难如王重民等中国学者的行径，也颇受中国学界诟病。

关于中文图书的编目，传教士基德于1837–1842年任伦敦大学学院中国语言和文学专业教授，曾编制过一本《皇家亚洲文会中文图书馆书目》（*Catalogue of the Chinese Library of the Royal Asiatic Society*），8开本，在伦敦出版。这一目录揭示当时皇家亚洲文会藏有数量可观的中文书籍。基德的编目让我们也获知，19世纪上半叶英国研究机构是收集中文藏书的重要力量。

牛津大学图书馆1604年开始收藏中文书籍，比不列颠博物馆建馆还要早149年。17世纪牛津大学波德雷安图书馆通过荷兰东印度公司从中国台湾及东南沿海浙江、福建、广东等省，马六甲、印尼等地收购汉文书籍。

19世纪，牛津大学有两次大的中文书籍收藏行动：一次是通过传教士伊文思（Edward Evans,1814–1923?）于1858年购买了大量中文古籍。伊文思1889年入华，曾在上海开设过图书公司。由此可知，当时英国大学有意识购买中文书籍是颇有远见的文化行为。此事也可以验证当时不列颠博物馆的中文藏书也有可能是通过商业渠道从中国购进的，尤其是张德彝很惊奇为什么仅隔两年不列颠博物馆的中文藏书数量就大为增加。购书专有渠道畅通可以解释张氏之疑问。不过，我不知道这个渠道是个人还是公司，是个人行为还是诸如英国东印度公司的商业行为。也许我们可以在英国东印度公司的档案卷宗中找到答案。另一次收藏活动是1882年伟烈亚力将自己的藏书捐赠给了牛津大学波德雷安图书馆，其中包括2500册新教传教书籍。伟烈亚力1847年入华，负责上海伦敦会《圣经》印刷所印刷业务，并协助麦都思管理墨海书馆印刷业务。伟烈亚力具有较深的中文文献学功底，曾编制过《伦敦会上海图书馆图书目录》（*Catalogue of he London Mission Library*），8开本，102页，1857年上海出版。1867年他还出版了一部著作——《中国文献记略》，按《钦定四库全书》简明目录，依照“经、史、子、集”分类法，对中国2000多部重要典籍进行介绍，目录翻成英文、拉丁文等欧洲文字。此书成为西方学者研究中国的必备入门工具书。伟烈亚力所著《1867年以前来华基督教传教士列传及著作目录》（*Memorials of Protestant Missionaries to the Chinese: Giving a List of their Publications and Obituary Notices of the Deceased*）一书，再一次展现其文献学功底，而且这本书也是我在英国撰写行纪的随身参考书。由此书我们已深深体会到了伟烈亚力当时几乎将他能搜集到的新教传教的中文、英文、马来文、德文等各种出版物都囊括于自己的藏书中。这些藏书归于牛津大学，当是幸运，也当是适得其所。

20世纪上半叶，牛津大学波德雷安图书馆接受了一次颇值得记录的个人捐赠。1913年至1922年巴克斯将个人所藏的4700种11700卷中文书籍捐赠给了波德雷安图书馆，这批藏书奠定了牛津大学专业汉学研究的新基础。

汉文书籍是汉学研究的基础。牛津大学历来重视汉文书籍的购买和接受捐赠。1875年理雅各被聘为汉学教授，他为了翻译《中国经典》，购买了大量中文书籍，并将这些书籍带到了牛津。一篇题为《汉文教授理雅各博士》[1898年1月14日上海英文《北华捷报》（*The North-China Herald*）转载《帕摩尔报》（*Pall Mall Gazette*）]的文章中说："年复一年，他在牛津大学克布尔坡地3号楼的书房中埋头翻译着《中国经典》，墙壁四周堆满了汉籍，有《诗经》《书经》和其他儒家典籍，这类学问是为极少数人研究的。"1897年11月29日理雅各病逝于牛津，他书房里的这些中文书籍是否捐赠给了牛津大学，我还没有查证，但至少有一点我们可以确知，即专业汉学研究与之前传教士、外交官、商人的业余研究所不同的是，专业研究必须以汉籍原著为起点，这也是大学研究型图书馆重视汉籍购藏的根本原因。

牛津大学第二任汉学教授是布勒克，1899年接任。布勒克是外交官出身，曾在英国驻华领事馆任职28年。1920年第三任汉学教授苏慧廉到职，与布勒克不同，苏是传教士出身，所相同的是，苏慧廉也长期生活在中国，传教及办学长达25年。苏慧廉去世后，1936年牛津大学聘请中国学者向达帮助选购中文书籍，向达起草了一份购买中文书刊的报告，牛津大学为这份书单拨出了600镑的专款。向达所列书单的具体情况，包括购买书籍类别，待查向达的有关史料以补证。向达的著述近年多次重印，找到此事相关记载当不是难事。

1938年，牛津大学聘请中国学者陈寅恪接替已去世多年的苏慧廉，但陈寅恪并未到任。1947年陈寅恪到任不久即因双目失明而请辞。牛津大学转请美国人德效骞（杜布斯，Homer Hasenplug Dubs，1892–1969）主持汉学院（1939年创办）。德效骞热衷于厚古薄今，并十分注重汉籍资料的建设。因与波德雷安图书馆产生较大分歧，牛津大学不得不另拨8000英镑交由德效骞自建汉学院图书馆（Institute for Chinese Studies Library），这个图书馆里最有特色的是西文期刊很完备，我们可以通过网络查询其概要。德效骞任牛津大学汉学院教授至1959年，其后又曾担任夏威夷大学汉学教授。直到今天，汉学院图书馆依然是牛津大学汉学研究的资料基地。但同时，汉学院图书馆也是牛津大学波德雷安图书总馆的一部分。

牛津大学汉文藏书还分藏在东方学院图书馆。东方学院（The Oriental Institute）成立于1961年。其研究范围包括中国、印度、日本、犹太、阿拉伯、韩国等文化。汉语教学和研究设置有本科、硕士和博士。东方学院图书馆藏书早期的主要来源是教师的私人藏书。这些教师的名单我们还要再做调查。目前该馆收藏的中文书籍至少有3500种9500卷古籍，35000种60000多册近现代出版物。20世纪90年代牛津大学向社会募集资金，香港慈善家捐出1000万英镑用于汉学研究基金，用于购买图书及设备，购买的图书收藏于东方学院图书馆，其具体情况还待考证。

牛津大学所藏汉籍的具体情况还有不少需要考证的地方。但总体而言，牛津大学作为汉籍收藏重地，其大宗收藏和途径的线索已基本清楚。正是因为牛津大学良好的中文书刊条件，才吸引了国际著名汉学家任教，如霍克斯（1960–1971）、龙彼得（1972–1988）、杜德桥（1989年至今）等，他们均以卓越学术成就而享誉世界。

7月7日

剑桥大学是一所与牛津大学齐名的大学。在各种大学排名中，这两所大学常常互换首席席位。

1209年，一群对牛津市不满的牛津大学学者逃至剑桥寻求庇护，在彼得苑学院（Peter House）的基础上建立了剑桥大学。1888年剑桥大学设立汉学教授席位，比牛津大学稍晚。剑桥大学收藏的第一册中文书籍也比牛津大学稍晚。

1632年，白金汉公爵向剑桥大学图书馆捐赠的一批书籍，其中有一本明代刻本《丹溪心法》，此书即剑桥大学所收藏的第一本中文书籍。

剑桥大学图书馆所收藏的中文书籍10多种，分藏在三处：剑桥大学图书馆（Cambridge University Library）、东亚阅览室和东方研究院图书馆及东亚科学史图书馆（East Asia History of Science Library）。

剑桥大学的中文藏书主要得益于捐赠，尤其是早期汉学家的捐赠，更是剑桥大学中文藏书的基础。

1888年威妥玛被剑桥大学聘为首任汉学教授。威妥玛毕业于剑桥大学三一学院，毕业后从军，参加过第一次鸦片战争，第二次鸦片战争期间多次态度强硬骄横跋扈地参与《中英天津条约》的谈判。1869–1871年，任英国驻华使馆公使。1883年返回英国。他在中国生活40多年，对汉语和中国文化均有深入研究。他博览群书，购买了大量中文书籍。1886年威妥玛向剑桥大学图书馆东方部捐赠中文文献4304册，最有特色的捐赠是关于清朝政治、法律、外交等方面的原始文献和中英外交关系方面的文献，有相当数量是其亲身经历的。威妥玛所捐文献中还有一些善本、珍本，如明朝刻本《异域图志》、清初抄本《明实录》、清抄本《养正图解》。有关太平天国出版的图书文献，也被威妥玛所关注，这些在中国国内并不受重视甚至被视为异端而遭抛弃的出版物，反而成为英国人的收藏兴趣重点。这些收藏也成为英藏汉籍的一大特点。

紧随威妥玛捐书的是巴克斯，他向剑桥大学图书馆捐赠中文书籍1300多册。巴克斯是陈寅恪的老师，关于其生平和捐书情况，还待进一步考察。

剑桥大学图书馆中文藏书在第二次世界大战结束后得到大规模扩展。这主要得益于三个人：一个是第四任汉学家古斯塔夫·哈隆（Gustav Halou,1898–1951），一个是斯卡伯勒伯爵（Earl Scarborough），另一个则是李约瑟（Noel Joseph Terence Montgomery Needham，1900–1995）。此外，还有数位汉学家也为中文藏书数量增加贡献了力量。

1938年哈隆被剑桥大学聘为汉学教授。哈隆出生于奥地利，毕业于德国莱比锡大学，其博士生导师是汉学家孔拉迪（August Conrady,1864–1925）。哈隆对汉籍原著非常注重。他在1927年就为德国东方学会建立了中文部，1930年任职于哥廷根大学汉学研究所，哥廷根大学的中文书籍均收藏在这个研究所。在哥廷根大学任教期间，哈隆就曾请季羡林等中国学者帮助推荐中文书目，哈隆还直接从北平琉璃厂和隆福寺的书店订购中文书籍。1938年哈隆刚到剑桥，于次年他就为剑桥大学图书馆制订了一个完整的购买汉文书籍的计划，但因为第二次世界大战爆发，购书计划搁浅。1945年，第二次世界大战结束，斯卡伯勒伯爵主持一个关于加强亚洲、斯拉夫、东欧和非洲研究的调查委员会，1946年斯卡伯勒伯爵调查报告《关于加强东方、东欧和非洲研究的报告》（*Report of the Inter-department Commission of Enquiry on Oriental, Slavonic, East European and African Studies*）出版，该报告呼吁加强亚洲和东欧研究，英国政府为此拨出专款支持此研究计划，尤其是购买图书报刊文献更是支持重的点。哈隆借此专款重拾其战前购买汉籍的计划，于1949年亲自到中国购买了10000多册中文书籍，这也是中文书籍西行英国的最大一宗。这批购书，哈隆出力最大，书籍运抵剑桥大学图书馆后，其分类由哈隆和龙彼得教授共同制定，具体执行此分类法，以利于专业汉学研究的是斯科特（Miss M.I. Scott），1946年之后她任剑桥大学图书馆东方文学馆长，1950年她又被聘为负责汉学文献的助理馆长，斯科特为剑桥大学负责汉文文献达30年以上，为剑桥大学汉学研究做出了贡献。

李约瑟曾动员全球上百位科学家、汉学家共同撰写了7卷本34分册的《中国的科学与文明》（*Seience and Civilisation in China*），除完成这一旷世汉学工程以外，他同时也是将汉文书籍引入英国并建立了一个世界级的供汉学研究的汉籍图书馆的首位英国学者。

李约瑟（生于伦敦，毕业于剑桥大学冈维尔–凯厄斯学院（Gonville and Caius College）。李约瑟曾跟从哈隆学习汉语。1942年李约瑟为英国文化委员会（The British Council）工作时访华，并参与组建了中英科学合作馆（The Sino-British Science Cooperation Office），不久李约瑟被聘为英国驻华使馆参赞，前后在华生活四年。1966–1976年李约瑟任剑桥大学冈维尔–凯厄斯学院院长。李约瑟自20世纪40年代开始撰写《中国的科学与文明》，前后达半个世纪，在此过程中，李约瑟建立了自己的汉籍图书馆。最初是其个人收藏，接着在担任冈维尔–凯厄斯学院院长期间，将汉文书籍收藏于此并为撰著者、研究者服务。李约瑟1976年不再担任院长之职后，在美国、日本、英国、中国香港等个人和财团资助下，组建了东亚科技史管委会（The East Asian History of Science Trust），在剑桥大学鲁滨孙学院内组建李约瑟研究所（The Needham Research Institute），在东亚科技史管委会下设香港东亚科学史有限公司（East Asian History of Science Inc.）、纽约东亚科学史基金会（East Asian History of Science Foundation），并设东亚科技史图书馆（The East Asian History of Science Library）以存放从冈维尔–凯厄斯学院搬出的中文、日文、英文和其他有关中国科技史的图书数万种。这个图书馆专门为李约瑟及其同事和世界各国研究东亚科学、技术和医学的学者而设，其所藏文献中包括2万余册单行本，英文期刊50多种，中文期刊110种，还包括少量日文、韩文期刊。汉文书籍中包括《四库全书》《古今图书集成》《道藏》《大藏经》等重要典籍。除图书外，还收藏有一些珍贵的手稿、抄本、笔记、图片、地图等文献，这个图书馆尽管是专为一个科研项目而设，但其所藏书籍和文献，已达到了关于中国科技史研究专题世界级图书馆的标准。这一专题图书馆还吸引了中国政府和中国台湾地区机构的捐赠，如1986年中国政府捐赠东亚科技史图书馆4468册中文书籍，1988年台北“故宫博物院”捐赠影印《摛藻堂四库全书荟要》一套。李约瑟所建立的这座汉文文献为主的图书馆在英国是独树一帜的，即便在世界上也具有汉学研究的学术吸引力。

剑桥大学接受中文藏书的捐赠还包括第二次世界大战后骆任廷、阿拉巴德、慕阿德、哈隆等人的捐赠。这些个人捐赠的具体情况有待进一步考察。最后值得一提的是清光绪皇帝1908年捐赠给伦敦中国协会的礼物——《钦定古今图书集成》（5000册）即被收藏于剑桥大学，这套中国套书可视为该图书馆的中文镇馆之宝。就其版本价值而言，它也是弥足珍贵的——这是雍正年间中国用铜活字所印刷的一部巨型套书。用铜活字印刷如此分量的书籍，也是清代宫廷的唯一一次。

上午依舒带我去牛津市中心区，考察了一下牛津市国立图书馆。该图书馆位于市中心街角，门厅很小，但坐电梯至二楼后空间却十分宽敞，整个楼层被区分为历史、小说、工具书、地方史、家族史、政治、财经、生活、法律等不同区间，每个区间三面均是开放式书架，中间是阅读台，台上有的地方摆放着电脑，整个环境优雅静谧。在走道两边还有沙发可供读者看书。我最感兴趣的有几点：一是任何一位市民均可以在这里借书和看书，甚至你将这里作为一个歇息、阅读之地，也是被允许的，只要你在阅读。二是这里的书尽管都是大众读物，但门类十分齐全，各个学科的书均有提供，除开放书架上的书，你还可以凭书名和作者名索取自己所需之书。在这里我还看到了四架中文书，都是自中国台湾、香港引进而来的小说、时政、菜谱等特别通俗的读物。三是对地方史大为关注，这里有一个区域全部是关于牛津历史的书籍，对家族史和牛津文化的特藏，也可为专业研究人员提供帮助。公共阅读场所的设立当是一个民族文化和阅读习惯养成的重要途径。阅读一个城市的文化品位和城市灵魂应当体现于书店和图书馆。

下午我至Waterstone牛津店，这里的店面可比爱丁堡店和什鲁斯·伯里的店面显然大了许多。在这里我买了一本《*Mr. Selden's Map of China*》，主要内容是研究明代一幅中国地图是如何流传至牛津大学波德雷安图书馆的，其中涉及中国的航海书籍《顺风相送》。这幅刻于1555年的《舆地总图》，还涉及1599年《二十八宿分野皇明各省地舆全图》。与这本书有关系的还有《帕切斯游记》中所收的改变后的地图《皇明一统方舆备览》，1687年随柏应理至伦敦的中国文人沈福宗，帮助波德雷安图书馆编纂中文藏书目录时，这幅地图已经是波德雷安图书馆的藏品了。

上午我还浏览了牛津大学出版社的书店，所售几乎是出版社历年所出的各类书籍。其出版门类之全、学术价值之高及数量之多，让我油然而生敬意。作为一名出版人，我感到惭愧，牛津出版如此规模的至今仍在售卖的在版学术书籍，让我感受到了一种文化的压力。中国出版，尤其是大学出版，最值得学习的应当是数百年如一日，对学术持之以恒的追求和坚持。

7月8日

早上我自牛津坐大巴至伦敦希思罗机场飞至荷兰阿姆斯特丹机场转机至北京。

在阿姆斯特丹停留约三个小时五十分钟。

伦敦大学学院是英伦收藏中文书籍的另一重地。其所藏中文书籍10万多册，就其数量而言，完全可以和牛津大学、剑桥大学抗衡。如果就其开展专业汉学研究而言，伦敦大学则是英国另一所开展汉学研究和设立汉学讲座、汉学教授的大学，比牛津大学早38年。换句话说，是伦敦大学开创了基于汉籍研究的专业汉学时代。尽管伦敦大学汉学教授席位曾于1843、1862年两次中断，但就其汉学研究意义而言，1837年所开设的汉学讲席无疑具有开创性。

就中文书籍西行英伦而言，伦敦大学设立汉学讲座，与中文书籍批量运入伦敦有着密切联系。这批中文书籍的主人是马礼逊。马礼逊在学习汉语和编纂《英华字典》时陆续购买了10000多卷中文参考书。在马礼逊编纂完毕并陆续出版《英华字典》后，他于1824年返回英国时随船携带了这批个人藏书，主要借这批藏书在英国开展汉语教学和汉文化研究，以培养汉语人才而将在华传教事业引向深入。关于马礼逊所携带的中文书籍册数与卷数有不同的记载。马礼逊将这批书放置在了伦敦大学学院， 1834年他去世后，多马・斯当东作为其遗嘱执行人之一，对这批遗书特别重视，经与伦敦大学多次协商，最终决定将这批中文书籍捐赠给伦敦大学，条件是必须设立一个持续时间不少于五年的汉学讲座。

1837年伦敦大学聘请塞缪尔·基德（Samuel Kidd）为第一任汉学教授，1842年基德退休，次年去世，汉学教授席位一直空缺到1873年。汉学研究在伦敦大学开展得很不顺利，但马礼逊的这批藏书却留在了伦敦大学，并奠定了伦敦大学作为世界汉学研究中心之一的学术地位与基础。

伦敦大学所藏中文书籍主要得益于数次很有规模的捐赠。继马礼逊捐赠之后，原英国驻华公使朱逊典（John Newell Jordan，1852–1925），向伦敦大学图书馆捐赠12500册中文书籍。这笔经费的出资人是安德森（F. Anderson），他捐赠了10000两白银，交由朱逊典在中国选购书籍。朱逊典是驻华时间最长的英国公使，对汉语和汉文典籍非常熟悉，这是一次有意识、有目的的书籍选购，与个人兴趣的书籍收藏有别，这批书籍对汉学研究助益颇多。

个人捐赠中文书籍的事例还发生在庄士敦（Reginald Fleming Johnston，1874–1938）身上。庄士敦继毕尔（Samuel Beal,1825–1889）、道格思之后被伦敦大学聘为汉学教授。1898年庄士敦入华，曾被延聘为溥仪的英文老师，他汉语十分流利，对中国文化感悟颇深。返回英国后在苏格兰西部建了九栋中式小楼以陈列中国古玩和书籍，他的16000册中文书籍在其去世后均捐给了伦敦大学图书馆。

继庄士敦后被聘为伦敦大学汉学教授的是西蒙（Ernest

Julius Walter Simon，1893–1981），他对汉籍的西行也颇多贡献。西蒙来自德国，1936年避难而来，两年后才被聘为讲师，十多年后才被聘为教授。西蒙对图书建设十分重视。斯卡伯勒报告出台后，西蒙和剑桥大学的哈隆一道到北京选购中文书籍。西蒙在20世纪40年代末还利用亚洲福特基金的资助到中国北京和香港及日本东京选购大量中文书籍以供研究之用。这些汉籍的收藏对汉学研究而言，比前面的捐赠更具意义。

伦敦大学1916年接受雷伊委员会（The Reay Committee）的建议成立了东方研究院（The School of Oriental Studies），1938年改名为“东方和非洲研究学院”（School of Oriental and African Studies）。这所享誉世界的“亚非学院”建立了自己的图书馆，前面所列举的一系列捐赠中文书籍均收藏于此。亚非学院图书馆所接受的最近一次大规模中文文献捐赠是1997年，中国香港特首送给图书馆800多册中文书刊、5000多册图书及12本汉学书籍，2000多幅战前中国地图以及西方传教文档、商业文会等珍贵文献。这些文献的入藏对伦敦大学研究近现代中国历史文化具有十分重要的价值。此外，这些中文原典对伦敦大学现代中国研究所和汉学研究中心也大有裨益。

总之，英国自1875年开展专业汉学研究以来，汉籍西传英伦的主力逐渐由传教士、外交官转向汉学家，毕尔、理雅各、威妥玛、道格斯、翟理斯、庄延龄、庄士敦、慕阿德、叶女士、李约瑟、杜希德、杜德桥、鲁惟一、巴雷特、古克礼、霍克斯、哈隆、龙彼得、蒲立本、修中诚等——这些汉学家、大学汉学教授，既是中文书籍的购买者、研究者、收藏者，又是中文书籍的捐献者、使用者，正是这些远行英伦的中文书籍支撑起了英国的汉学研究，也正是这些书籍成为中英两国文化相互理解的精神桥梁。

《三字经》与西方传教士

自南宋以来，《三字经》被一代又一代的中国儿童所吟诵。不仅在中国，19世纪甚至更早，《三字经》还被译成拉丁文、英文、俄文、法文、意大利文、韩文、日文等，在其他国度广为传诵。近日翻检《梵蒂冈图书馆所藏汉籍目录》，发现该馆藏单行的《三字经》有 7 种不同版本，进而又检阅《1867年以前来华基督教传教士列传及著作目录》，发现书中所载不同之人所译、所撰、所印的《三字经》版本多达26种。此外，其他史料所载并涉西文的《三字经》版本还有数种。《三字经》自问世以来，在中国始终是童蒙读物，但在西方人眼中，这本书却承载着更多的文化内涵，它被视为中国的“小型百科全书”“儿童百科全书”。[①]

本文将试图在缕述不同时期不同西文版本的基础上，重

① 《三字经》的作者三说：一说为南宋王应麟（1223-1296）；一说是南宋末的区适子；一说是明代的黎贞。此三说均不能确证。《三字经》中有“明太祖，久亲师，传建文，方四祀，迁北京，永乐嗣，迨崇祯，煤山逝”，可见《三字经》问世之后，经过明清文人不断的修订。多数后人赞同王应麟说。

点揭示《三字经》为什么成为中西文化交流中的桥梁，借此来反思中国文化走向西方世界的现实之路。

一、拉丁文《三字经》

《三字经》最早的西文译本诞生于明万历十年（1582），它的译者是耶稣会士意大利人罗明坚（Michele Ruggieri, 1543–1607），所用译文是拉丁文。

罗明坚，原名Ruggieri，1579年入华后取中文名罗明坚，字复初。[①]1540年经天主教教宗保禄三世正式批准成立耶稣会，罗明坚于1572年加入耶稣会，[②]在此之前他已取得两种法学博士学位，也许正是法学博士头衔帮助他成为耶稣会选中他开拓中国教区的理由之一。1579年罗明坚抵达澳门，遵照范礼安（Alessandro Valignano, 1539–1606）的进入

① 耶稣会士取汉文名字非自罗明坚始，在此之前有范礼安（1538–1606）等，1573年罗马耶稣会总会长任命范礼安为远东教务视察专员，1578年到达澳门。但自罗明坚后，耶稣会士全部取有中文名字。

② 1534年西班牙人罗耀拉（Ignaciode Loyola, 1491–1556）在巴黎成立耶稣会，1540年教宗保禄三世正式批准。耶稣会仿效军队编制进行组织，坚决反对马丁·路德宗教改革，无条件拥护天主教宗，努力倡导学术研究，强调文化传教。

中国的天主教神父“应该学习中国话及中文”的指示，他以宗教的毅力”作后盾开始了艰苦的汉语学习。[①]此后的历史证明，罗明坚具有语言天赋，第二年他已经开始用汉语交谈并阅读中文书籍。之后，他在澳门创办了一座用中文宣教并学习中文的传道所——经言学校，[②]编写了中西第一部辞典——《葡汉辞典》，[③]撰写了西方人第一部用中文写作的著作——《天主圣教实录》，[④]绘制了第一部西方人手绘的详细的《中国地图集》，[⑤]创作了第一批西方人用中文书写

---

① 具体时间为1580年11月9日，《罗明坚致罗马麦尔古里诸神文书》。罗渔泽：《利玛窦通信集》，台北：台湾光启社，1986年，第426页。

② 利玛窦称“经言学校”为“圣玛尔定经言学校”，见《利玛窦通信集》，第413页。

③ 杨福绵认为《葡汉辞典》是罗明坚、利玛窦合作编写，张西平据耶稣会档案馆编号“Jap.Sin. Ⅰ 198”《葡汉辞典》手稿，“证实这部手稿确系罗明坚所写”。张西平：《传教士汉学研究》，郑州：大象出版社，2005年，第11页。

④ 该书完稿于1581年间，1584年罗明坚在肇庆刻印，初版印刷1200册。本书稿撰写与润色前后得到高麦斯神父、利玛窦及一位福建秀才的帮助。现罗马耶稣会档案馆藏有4种刻本。见顾卫民著：《中国天主教编年史》，上海：上海书店出版社，2003年，第80页。又见《传教士汉学研究》，第21页。

⑤ 手稿藏罗马意大利国家图书馆，1993年经过欧金尼奥洛·萨尔多整理编辑出版。见《传教士汉学研究》，第26页。

的诗作，[①]更难能可贵的是第一次将儒家经典译成了西方语言——拉丁文《三字经》与《大学》。[②]罗明坚的个人经历证明，他不仅仅在中西语言文化方面取得了前无古人的成功，同时，作为一名耶稣会传教士，他同样达到了传播宗教的目的，1582年12月他在广东肇庆建立了中国第一所耶稣会会院，其传教足迹深入到杭州、绍兴、桂林，从而成为耶稣会成功登陆中国内地的第一人。1588年罗明坚奉耶稣会敦请天主教教宗派遣使者觐见中国朝廷之使命从澳门返回欧洲，直到1607年去世于意大利萨勒诺。尽管没能完成教宗遣使中国的使命并返回中国，但他作为"西方汉学之父"的文化地位是毋庸置疑的。

罗明坚用拉丁文所译的《三字经》并未正式出版。罗明坚在1583年2月7日致耶稣会总会长的一封信中说："去年我寄去了一本中文书，并附有拉丁文翻译"，[③]"时间仓

① 张西平考证"其诗作藏于罗马耶稣会档案馆，编号为 Jap. Sin. Ⅱ 159"。《传教士汉学研究》，第 27 页。

② 罗明坚曾用拉丁文翻译儒家经典四书，手稿今藏意大利国家图书馆。1593 年波赛维诺编纂《历史、科学、救世研讨丛书选编》,《大学》为丛书中之一部分，1593 年罗马出版，1603 年、1608 年威尼斯、科隆分别再版。见《传教士汉学研究》，第 13 页。

③ 《利玛窦通信集》，第 446 页。

促，拉丁文译文也很不通顺”。[①]裴化行认为这本中文译稿就是《三字经》。[②]这一译稿的意义并不在于正式出版流通于市，更重要的是它为后来的传教士们找到了一条学习汉语的途径——按照中国的童蒙教育传统，从《三字经》《千字文》等童蒙课本开始学习识字，然后再进入词汇学习与书面语学习。罗明坚学习汉语的原始文献今藏于罗马耶稣会档案馆（编号 Jap.Sin. I 198），第24–26页为306个字的字表，第27–31页为地名、二十四节气、天干地支等词汇表，第32–125页为汉语、葡萄牙语的词汇对照辞典。[③]这一学习汉语路径也许正是罗明坚翻译《三字经》的初因之一，也许这一译本也是他创办的“经言学校”中用以教授其他传教士学习汉语的识字课本之一。这一推测尽管无法确证，但从18、19世纪教会学校多以《三字经》《千字文》作为识字课本的大量例证，我们的确可以反证罗明坚的先见之明。由此，罗明

① 斐化行：《天主教16世纪在华传教志》，北京：商务印书馆，1936年，第191页。

② 张西平：《传教士汉学研究》，第13页。

③ 张西平教授首次揭示罗马耶稣会档案馆Jap.Sin. I 198号文献为罗明坚当年学习汉语的原始文档，并考证指出：“在梵蒂冈图书馆仍保留着他们（指传教士）当年学习汉字的《千字文》《三字经》等课本。”见《欧洲早期汉学史——中西文化交流与西方汉学的兴起》，第45—49页，北京：中华书局，2009年。

坚拉丁文《三字经》译本的首创，不容置疑地搭建起了中西文化交流史上的首座桥梁。

拉丁文《三字经》的第二个译本于1869年出版于那不勒斯，译者是中国湖北潜江人郭栋臣。郭栋臣，字松柏，圣名若瑟，咸丰十一年（1861）出国，“居圣家书院十二载，卒业后返国，光绪十二年（1886）复由传信部召往母校执教，历十载”，“民国十二年（1923）卒”。[①]方豪在《中国天主教史人物传》中写道，郭栋臣还用意大利文同时翻译了《三字经》。从时间上分析，《三字经》的翻译与出版时间均在郭栋臣游学期间，是否作为学校学习汉语的课本，我们无法确知。但从其翻译时间与语种，我们推测当是供圣家书院的本地学子学习汉字所用。

拉丁文《三字经》进入学校课程，我们可以放言，晚清传教士晁德莅（Angelo Zottoli, 1826–1902）的译本毫无疑问进入了教学课程之列。

晁德莅是意大利那不勒斯人，1843年入耶稣会，1848年来华。在上海刻苦学习中文两年后出任徐家汇圣依纳爵天主堂司铎，并于同年创办圣依纳爵公学（又称徐家汇公学，

---

① 方豪：《中国天主教史人物传》，北京：宗教文化出版社，2007年，第630页。

简称徐汇公学），并出任首任院长，直到1874年。[①]其间，1862年徐家汇耶稣会初学院（神学院）成立，晁德莅兼任院长。直到1902年去世，晁德莅终身寓居徐家汇。晁德莅毕生致力于教育，不仅创办学校，还亲自编写教科书，其编写的最著名教科书是五巨册拉丁文《中国文学课程》。这套教科书是为新来的传教士们学习中文专门准备的，在书的封面上专门标出"nel-missionariis accommodatus"字样，意为"适用新来传教士"。[②]

《中国文学课程》第二册译有《三字经》。本册供低年级用，拉丁文名"文言研读"（Studium Classicorum），1878年上海土山湾印书馆出版，662页。本册内容包括序文、凡例、《三字经》《百家姓》《千字文》《神童诗》《大学》《中庸》《论语》《孟子》、按部首排列的词汇。[③]《中国文学课程》既为成年新来传教士所专设，必然

① 赵昕：《西洋办学第一校——徐汇中学》，见尹文涓编：《基督教与中国近代中等教育》，上海：上海人民出版社，2007年，第318-319页。

② 《中国天主教人物传》，第633页。

③ 《中国天主教人物传》，第633页。《中国文学课程》第二册出版于1878年，比第一册（1879版）早出版一年，但在附加封面上改为1879年。由出版时间分析，可推测第二册可能为学习之急需。

也有一个循序渐进的过程。其第一册为最低班用，课程名称为“家常话”（Lingua Familiars），内容主要有字首表、应酬语、短篇故事、短篇小说、俗语选录；[①]第三册为中班用，课程名称为“经书研读”（Studium Canonicorum）；[②]第四册为最高班用，课程名称为“文章规范”（Stylus Rhetoricus）；[③]第五册为文学班用，课程名称为“诗与文”（Parsoratiorica et poetica）。[④]

以上各册书名与适用年级以及课程内容让我们比较清晰地了解到了一位新来传教士的学习之路，初学者首先要进入日常用语听读的环境，并深入到方块字的偏旁部首结构。其次才渐次进入单字学习与词汇学习，并开始进入中国经典四书的基础研读，而字词的记忆途径则正是通过《三字经》（1200字）、《百字姓》（400字）、《千字文》（1000字）、《神童诗》

---

① 《中国文学课程》第一册共827页，有序文、导言，序文中称共6册，实际出版5册。

② 《中国文学课程》第三册共792页，1880年出版。内容有序文、《诗经》中之动植物、矿物名、诗韵等，以及《诗经》《书》《易经》《礼记》《春秋》。同上，第634页。

③ 《中国文学课程》第四册共839页，1880年出版。内容有序文、诗选、尺牍选、古诗、尺牍文体、文章典故等。同上，第634页。

④ 《中国文学课程》第五册共849页，1882年出版。内容有八股文、时文、歌赋、骈体文、歌谣、对联等。

(960字) 来完成的。这一学习方法与途径毫无疑问与中国的传统童蒙教育别无二致，与三百年前的罗明坚、利玛窦等相对比，学习语言文字并没有找到第二把钥匙。由此可见 “三、百、千” 才是真正的识字工具，也正是如此，作为教育家的晁德莅才又一次翻译了《三字经》以供传教士们初识中文。

二、英文《三字经》

英译《三字经》的最早版本肇始于基督教新教传教士马礼逊。1812年出版于伦敦。

马礼逊是中国近代出版的拓荒人物，他最辉煌的出版成就是独立编纂并用铅活字机械印刷出版了《华英字典》。[①]马礼逊与米怜花费20年时间翻译出版中文版《圣经》同样也是一件名垂中西文化交流史上的大事。作为新教在华传教士

① 《华英字典》，共6册，4开本，澳门。分三部分，第一部分“字典”分三册，分别出于1815年(导言XVⅢ+930页)、1822年(884页)、1823年(908页)，汉英对照。第二部分为“五车韵府”，分两册，分别出版于1919年(XX+1090页)，汉英对照；1820年(Ⅵ+178+305页)。第三部分1822年出版(480页)，英汉对照。见《1867年以前来华基督教传教士列传及著作目录》，桂林：广西师范大学出版社，2011年，第15页。马礼逊为印刷《华英字典》，从英国引入一台印刷机，这是中国机械印刷的发始。

的先驱，马礼逊不仅仅是杰出的出版家，他还是出色的教育家，1818年马礼逊在马六甲创办英华书院，“尝试进行英语和汉语的互换式教学”，这一尝试同样取得了成功。[①]

马礼逊1782年出生于英国诺森伯兰郡，1805年加入伦敦会，精通拉丁语、希腊语、希伯来语。1806年马礼逊在伦敦师从中国人容三德学习汉语。马礼逊在伦敦曾花数月时间抄写皇家学会借给他的《拉丁语汉语词典》稿本，这一学习汉语的方法十分独特，但马礼逊日后的中文著作成就证明了这一方法的确是有效的。[②]1807年9月4日马礼逊抵达澳门，之后两年寓居澳门继续学习汉语，先后师从中国人殷坤明、容三德（已回国）。[③]马礼逊对汉语的热爱与成果不仅仅是他

---

① 《1867年以前来华基督教传教士列传及著作目录》，桂林：广西师范大学出版社，2011年，第13页。马礼逊1834年去世后为纪念他在华传播新教的功绩，1835旅居澳门的英美籍新教传教士和商人22人倡议在澳门成立马礼逊教育会，之后成为马礼逊学校，1842年迁香港，1849年停办。学校开设中文、英文两种课程，汉语学习要求全文背诵四书，并尝试翻译成浅显英语。见夏泉：《明清基督教教会教育与粤港澳社会》，广州：广东人民出版社，2007年，第217页。

② ［英］汤森著、王振华译：《马礼逊——在华传教士的先驱》，郑州：大象出版社，2002年，第43页。

③ 殷坤明，祖籍山西，罗马天主教徒。“他一生中的大部分时间（大概有30年）都在北京传教。天主教会教他拉丁语，所以他能讲流利的拉丁语。”引文同上，第54页。

用中文写了大小不等的12册书籍，他在1824年至1826年返英期间还在伦敦何尔本（Holborm）创办了语言研究所，“那些即将赴中国的传教士们可以在此学习汉语”。[①]创办语言学校与热衷书籍出版成为马礼逊传教的两把利器，其筚路蓝缕之功毫无疑问已经名垂青史。

马礼逊英译的《三字经》1812年于伦敦首次出版，这个译本是马礼逊著《中国文集》（*Translations from the Popular Literature of the Chinese*）的一部分，1817年意大利书商蒙图奇进行了修订重新再版于伦敦。[②]从本书的出版时间上我们得知，马礼逊翻译本书的时间当在他寓居澳门学习汉语期间，本书应是他学习汉语的早期成果之一，也许甚至还可以

---

① 马礼逊中文作品计有：《神通论赎救世总说真本》，1811 年，广州，6 页；《问答浅注耶稣教法》，1812 年，广州，30 页；《〈圣经〉提要》，1814 年，广州，1 页；《古时如氐亚图历代略传》，1815 年，9 页；《养心神诗》，1818 年，27 页；《年中每日早晚祈祷叙式》，1818 年，马六甲，30 页；《神天道碎集传》，1818 年，马六甲，17 页；《西游地球闻见略传》，1819 年，29 页；《神天圣书》，1823 年，马六甲，21 册，马礼逊所译《圣经》是第一部中文全译本；《古圣奏神天启示道家训》，1832 年，马六甲，4 册，413 页；《杂文编》，1833 年，澳门；《祈祷文赞神诗》，1833 年，澳门。[英] 伟烈亚力著、倪文君译：《1867 年以前来华基督教传教士列传及著作目录》，桂林：广西师范大学出版社，2011 年，第 11–14 页。

② 同上，第 12 页。

视为是他学习中文时所做的汉译英习作。日后成立的马礼逊学校要求学生在背完《四书》后进入高年级阶段将中文翻译成英语，如布朗校长在1842年的教育会报告中说："10名孩子已经背完或将近背完《四书》……他们中，有些人能将《孟子》中的段落翻译成浅显英语，他们同样在我们指导下，将中文版《新约》的段落翻译成英语。"[①]通过练习翻译中文作品以快速提高语言学习效果，这一方法也许正是马礼逊自身体悟的有效学习途径之一。

马礼逊对中文经典助益学习汉语的功用的体悟，不仅表现在他翻译《三字经》《大学》，甚至《康熙字典》，还表现在他用英文撰写了长达280页的《汉语言文之法》、262页的《中文会话及凡例》。[②]这两部著作分别出版于1815年、1816年，都是马礼逊的早期语言研究成果，这两部书对其后来者无疑具有语言学习的教导意义。

马礼逊新教传播事业的优秀继承者来自美国，他的中文名为裨治文（Elijah Coleman Bridgman, 1801–1861）。裨治

① 夏泉：《明清基督教教会教育与粤港澳社会》，第217页。

② 马礼逊《华英字典》第一部分实为《康熙字典》的译本。《汉语言文之法》，4开本，1815年，塞兰坡出版。《中文会话及凡例》，8开本，1816年，澳门出版。见《1867年以前来华基督教传教士列传及著作目录》，第14–15页。

文1813年加入马萨诸塞州公理教会，1830年2月19日抵达中国广州。他是美国第一位来华的基督教传教士，而派遣他到中国传教的美国国外传教理事会是为了回应马礼逊的邀请才做出如此决定的。[①]马礼逊在广州热情地接待了裨治文与同道雅裨理（David Abeel,1804–1846），不仅为他们请了中文老师单独辅导，还提供了学习中文必不可少的语言类书籍。裨治文与雅裨理的到来让马礼逊看到了来自美国的新希望。事实证明，裨治文没有辜负马礼逊的同道热望。裨治文独立撰写了698页的英文《广州方言撮要》（*Chinese Chrestomathy in the Canton Dialect*），与克陛存（Culbertson M.C., 1819–1862）合作翻译了中文新版《旧约全书》与《新约全书》，在马礼逊倡议下创办英文版《中国丛报》（*Chinese Repository*）并任主编长达15年，该刊先后出版20卷。[②]

裨治文以上成就的主题可以说与马礼逊的事业的确是一脉相承的。《中国丛报》是第一份面向西方读者介绍中国情况的英文刊物，24开本，月刊，每期约500页。其创刊

---

① 《1867年以前来华基督教传教士列传及著作目录》，第74页。

② 《1867年以前来华基督教传教士列传及著作目录》，第77页。《中国丛报》，第20期，广州，1832–1851年。1847年裨治文"离开广州前往上海后，由布里奇曼牧师（Rev.J.G.Bridgman）接手编辑工作，直至1848年9月卫三畏博士接管这一工作为止"。

词为马礼逊所撰，本刊第4卷第3期（1835年7月）第一篇刊发了《三字经》英译本与注解。在其第 1 卷第6期（1832年10月）“文艺通告 ”栏目刊登了一篇有关《三字经》注解（1816年出版，“*Literary Notices: Songs of Three Characters*”）的文章。在第 4 卷中裨治文不仅翻译了《三字经》，依次还译有《百家姓》《千字文》《神童诗》《孝经》，第5卷第2期（1836年6月）并译有《小学》之一部分。裨治文在《三字经》的标题文字中说明这是 “一本与初等教育目的不协调的书”，《千字文》注明 “中国初级教育必读的书”，《小学》注明 “中国幼童的启蒙教材之一、它的特点和目的、阶段课程表和课程第一部的摘译”。[①]裨治文在1835-1836年间集中翻译了中文蒙学课本，由此不禁让我们联想到马礼逊教育会的创办。1835年1月26日马礼逊教育会倡议成立，同年2月25日又通告：“本教育会的宗旨将是在中国开办和资助学校，在这些学校里除教授中国少年读中文外，还要教授他们读写英文，并通过这个媒介，把西方世界的各种知识送到他们手里。”1836年9月28日临时

① 《1867年以前来华基督教传教士列传及著作目录》，第 77 页。参见《中国丛报》第 4 期、第 5 期，影印本。日本东京株式会社（Matuzen Kabushiki Kaisha）出版社，1941 年影印本，香港中文大学图书馆藏。

委员会通过了由裨治文草拟的马礼逊教育会章程，其章程中关于课本方面规定："本校课本旨在教导学生学习阅读、写作、数学、地理及其他科学，并以英语及华语教授，以期获得最佳效果。"[①]裨治文英译中文童蒙课本与创办马礼逊教育会的时间节点正相吻合，我们有理由相信这两者之间存在着目的性的联系，那就是包括《三字经》在内的童蒙课本也许正是为马礼逊学校的学生所准备的。

美国传道会步公理会裨治文之后尘，被激起传教激情后，美国浸礼会、圣公会、长老会、归正会（荷兰）、美以美会（北方）、监理会等接二连三涌向中国，继广州、厦门、宁波、南京等地外，上海逐步成为美国传道会的重要滩头阵地。裨治文生命的最后数年，上海就是他的最终归宿地。在裨治文去世的前一年（1860年），来自美国监理会的秦右（Rev. Benjam in Jen Kins）在上海出版了另一本英译《三字经》。

秦右是神学博士，1848年8月18日抵达香港，1849年5月到达上海。1852年11月返回美国，1854年下半年又重返上海，1861年8月前往欧洲，1864年7月再次回到上海。秦右对上海方言情有独钟，他的中英文著作基本上都是围绕着罗马

① 《明清基督教教会教育与粤港澳社会》，第205–207页。

化拼音拼读上海方言而展开的。他的英文著作是《音节表：适于用罗马化拼音拼读上海语言作品》，英译《三字经》《千字文》以及中文《大学》《中庸》《论语》全部是以罗马化拼音拼读上海方言语音。[1]其英语《三字经》是逐字英译，排印时一行中文一行译文，十分规整。秦右的这一出版方式并不新鲜，但他却执拗地反映了传教士们改造汉语汉字的一种努力方向，那就是在迎合各地方言以更有利于传教的同时，始终不懈地努力将汉语拼音化。

用罗马字注音汉字，罗明坚是始作俑者，而罗马注音系统的真正完成者是利玛窦与郭居静（Lfizaro Catfino, 1560-1640），这套完成于1598年的罗马字拼音系统是中国最早的一套汉语拼音方案。利、郭选定五个罗马音标以注汉字的五音，制定了一套中文发音表。其后，金尼阁（Nicolas Trigault, 1577–1629）在参阅利玛窦《西字奇迹》（*Wonder of Western Writing*）基础上撰写的《西儒耳目资》（*A Help to Western Scholars*）一书，进一步“执简驭繁，由浑而析”罗马注音系统，用罗马字母拼读汉字进一步固化。本书甫经出版即成为中国音韵史上的里程碑式著作，它不仅被收入《四

① 《1867年以前来华基督教传教士列传及著作目录》，第199–200页。

库全书》，而且还成为今日汉语拼音方案的借鉴之源。[①]基督教新教的传教士们为了更方便与教区操不同方言的教众深入交流，重拾罗马拼音系统，并进一步发扬到拼音各地方言，如麦都思的《福建省土话辞典》、裨治文的《广东土话注音》、遴为仁的《潮州土话初阶》、高第丕的《上海土音字写法》等，无一不是罗马注音的新应用。

从秦右的上海方言版英译《三字经》，推展到广东方言、客家方言、厦门方言、福州方言、宁波方言、金华方言、杭州方言、上海方言版《圣经》全文或节要的出版，[②]我们已切肤痛感罗马注音方案也同样是新教传教的语言利器，其深度与广度都是耶稣会士们所望尘莫及的。

三、俄文《三字经》

与不远万里漂洋过海而来的耶稣会士、新教会士不同，俄罗斯作为中国的近邻是从陆路进入中国的。俄罗斯自988年皈依东正教，在奋力追赶欧洲文化的同时，因其在1240–1480

---

① ［法］金尼阁、王征合著：《西儒耳目资》，“执简驭繁，由浑而析”为罗常培评价语。

② 《1867年以前来华基督教传教士列传及著作目录》“索引”，第369–377页。

年间为蒙古人所统治，因此其文化基因也深受东方文化的浸染。尤其是18世纪初彼得大帝（1672–1725）向西“全盘西化”，向东则掀起“中国热”，屡屡向康熙皇帝致敬。康熙二十八年（1689）《中俄尼布楚条约》签订后，中俄商务交流日渐络绎。1715年5月经康熙皇帝批准，彼得大帝的第一届东正教宗教使团进驻北京。[①]1729年第二届使团抵达北京，其中的一位学员名叫罗索欣（1717–1761），第一本俄文《三字经》正是在以上背景下由罗索欣翻译而成的。

罗索欣1729–1735年在北京国子监学习汉语、满语。他在1730年抄写有52篇俄、汉、满课文的“满语与汉语学习簿”至今仍保存在俄罗斯科学院图书馆手稿部。[②]1735年罗索欣被聘为清政府理藩院通译，同时为内阁俄罗斯文馆的学生讲授俄语。1741年罗索欣返回俄罗斯，并于3月28日被聘为俄国科学院通译，负责教授新成立的汉满语学校的汉满语课程。同年8月10日罗索欣拥有了4名学生，他让学生首先背

① 俄国东正教宗教使团前后换届进驻北京共20届，自1715年直到1856年，前后长达141年。1728年《中俄恰克图条约》签订后，中俄约定使团定员10人，其中4名神职人员、6名世络人员（包括随团医生、4名学员等），定期第十年轮换一届。

② 张国刚等译：《明清传教士与欧洲汉学》，北京：中国社会科学出版社，2001年，第388页。

诵他译成俄文的《三字经》《千字文》与四书，同时还为学生编写了一本《用俄文字母标注的汉语发音》教材。[①]1750年他的学生们在报告自己的学习成果时说，我们“起初学习了识字课本和对话，而后背诵了包括四部分内容的四书和《三字经》，攻读了中国的各种历史著作，现在我们不仅能够阅读并理解这些书，而且还在学习翻译”。[②]罗索欣为这些学生还译有《满文识字课本》《会话学习》《二十四孝》《教学用课本、对话及词汇》等书，以供教学之用。由上可见，罗索欣的教学方法是中国童蒙教育的俄罗斯版，《三字经》在童蒙教育中的顽强生命力在遥远的圣彼得堡再次得到印证。

1751年俄国科学院汉满语学校关闭，但直到1761年罗索欣去世，他一直供职于俄国科学院，并在这里翻译了30多部中国书籍，尽管这些译稿在他有生之年并没有得到正式出版，但他作为俄罗斯第一位名副其实的汉学家的地位，始终是无人动摇的。

协助罗索欣翻译16卷本《八旗通志》的列昂季耶夫

---

① 张国刚等译，《明清传教士与欧洲汉学》，北京：中国社会科学出版社，2001年，第390页。罗索欣是《四书》的第一位俄文译者。《用俄文字母标注的汉语发音》是俄国第一个汉俄译音方案。

② 同上，第391页。

（1716–1786）是另一位俄罗斯汉学拓荒者。[1]比罗索欣幸运的是，他在生前共出版了21种有关中国的译作，其中就包括他的译作《三字经名贤集合刊本》。

与罗索欣不同，列昂季耶夫的汉语满语学习是在俄罗斯完成的。俄罗斯的第一个满语学校创办于1739年，教师是中国人周戈，这所学校存在了两年，4名学生在该校毕业，他们被作为第三届东正教使团（1736–1745）成员派往北京，

① 罗索欣1743年前除翻译教学用书外，还译有《中国花炮制作法》《中国全国及各城市每年钱粮税收一览》《康熙亲征准噶尔记》《乾隆皇帝即位诏书》《各朝代皇帝及其业绩》《清朝皇帝、军队及京城情况》《译自〈一统志〉的日本简史》《哲学问答》《各种历书》等。1747年编译完成《中国历史》一书稿。其中将法文《中华帝国全志》译为俄文。1750年译完五卷本《准噶尔叛乱平定记》，1756年完成《资治通鉴纲目》译稿。罗索欣《大清一统志》中译出《阿尔泰山记》，又将图理琛《异域录》从满文译为俄文，题为《1714年前往伏尔加地区探望卡尔梅克汗阿玉琦的中国使团旅俄记》。1754年俄使团弗拉德金带回《八旗通志》交俄国参政院，1757年罗索欣开始翻译，并译出16卷俄文本中的5卷，其去世后由协助他翻译的助手列昂季耶夫完成全书翻译，并于1784年出版。列昂季耶夫编有《八旗通志》注释一卷，为第17卷。同上，第392–395页；又见李明滨：《俄罗斯汉学史》，郑州：大象出版社，2008年，第14–15页。

列昂季耶夫是成员之一。[①]列昂季耶夫1743年抵达北京，1755年随第四届使团返回俄国。在北京期间他担任与罗索欣同样的职务，任理藩院通译与俄罗斯文馆满汉教习。自1756年到1786年去世，他任俄国外交委员会亚洲司满汉语译员长达30年。期间，1763年他在圣彼得堡开办满汉文学校，共招收4名学生。

年长罗索欣一岁的列昂季耶夫幸运地比罗索欣多活了25年，而这25年正是 "中国热 "温度不断攀升的年代。他所翻译的诸如中国茶、象棋、丝绸，甚至 "格言 "及《中国思想》之类的书籍，一经问世便广受欢迎而跃为来自异国情调的畅销书，不断再版并被译为德文、法文等西欧文字。他最重要的译作是将《大清会典》和《大清律》译成了俄文。另外，他所翻译的《大学》《中庸》《易经》及《孙子兵法》之部分，因是第一次公开出版的俄译本，同样在汉学史上也占据不得不写入史书的重要地位。其译书之多，在俄国早期汉学家中首屈一指。据统计，"俄国在18世纪共出版有关中国的书籍和论文120种，而他的译著即占了1/5，并且，

---

① 周戈，1741年供职于俄外交委员会莫斯科办事处。见注释："周戈原居中国，18世纪20年代至30年代之间来到俄国，后接受东正教，取得俄国国籍，曾开办汉满语学校，是第一个在俄国教汉满语的中国人。"引自《明清传教士与欧洲汉学》，第389页。

其中有许多种是欧洲第一次的译本”。[1]

列昂季耶夫所译《三字经》，1779年编入彼得堡帝俄科学院《三字经名贤集合刊本》中正式出版，这是《三字经》西文译本的第一次公开出版。《彼得堡通讯》于1780年发表书评，称其为来自中国的“诗体箴言”，这一评论让《三字经》首次摆脱童蒙课本的角色定位，它的伦理道德的内涵开始让西方人认真地注目停留，《三字经》的思想性终于有了异域知音。

《三字经》最经典的俄文译本来自于俄国汉学奠基人比丘林（1777–1853）。他出生于19世纪俄国的汉学中心——喀山大学的所在地。[2]比丘林1799年毕业于喀山神学院并留校教授法语课。1807年他被选为第九届东正教使团团长，1808年抵达北京，1821年返回俄罗斯，在中国共停留14年。

比丘林是东正教使团中个性最为张扬的人物之一。在北

① 中国社会科学院文献情报中心编:《俄苏中国学手册》(上)，北京：中国社会科学出版社，1986年，第56页。

② 喀山大学创办于1804年，1807年建立东方系，下设阿拉伯—波斯语、突厥—鞑靼语、亚美尼亚语和梵文、蒙古语四个教研室。1837年成立汉语教研室，以此为标志，汉学首次进入大学教育与研究。1844年又成立满语教研室。汉语、满语首任教授均来自第十届东正教使团，分别是西维洛夫与奥·沃伊采霍夫斯基。

京期间他置满语、蒙古语于不顾，专攻汉语。他以熟练的拉丁语、希腊语、法语为交际语言与耶稣会士交往密切。他不仅翻译四书、《资治通鉴纲目》《大清一统志》以及一些政治、医药书籍，还编纂了一本《汉俄词典》。他首次提出要系统地研究中国，因此在北京收集了大量文献、文物实物，回国时据说重达1.4万磅，“其中仅汉、满文的中国书籍就有12箱，全部文献书籍分由15只骆驼驮运。他所带回去的文物资料比前八届传教士团所带回之总数还要多”。①

比丘林回国后麻烦不断，盛名与奖获也不断。1822年1月，他在彼得堡受到俄东正教事务管理总局的审查，1823年9月4日被判终身监禁，指控他的罪名是他12年未去过教堂、变卖教堂财产、对下属管束不力、出入青楼等。1826年因俄外交部急需汉语译员而于11月1日获释。在监禁、流放的三年多里，他以译作为己任，先后译著了《西藏志》《蒙古纪事》《准噶尔和东土尔克斯坦》《北京记述》《成吉思汗家系前四汗史》《西藏青海史》《厄鲁特人和卡尔梅克人历史概述》《三字经》（1829年圣彼得堡根茨出版社出版）等。比丘林获释后不断推出新的译作并不止一次获得科学

① 李明滨：《19世纪上半叶的俄国汉学史》，见张西平：《欧美汉学研究的历史与现状》，郑州：大象出版社，2006年，第326页。

院奖，1828年他被选为俄国科学院东方文学与古文物通讯院士，1829年被聘为俄国公共图书馆荣誉馆员，1839年，他的《汉语语法》一书使他第二次获得俄国科学院杰米多夫奖金，其晚年最后一部著作，即3卷本的《古代中亚各民族历史资料集》于1851年出版后再获杰米多夫奖金。比丘林实际上不仅是汉学家，还是藏学家、蒙学家、满学家，也许称他为东方学家更为合适些。而对自己的译著成果，比丘林毫不自谦，他曾骄傲地说："整整13年所从事的中国研究，一个人的成就比所有东正教宗教使团在过去100年的成就还要大四倍。"①

1831年，比丘林在恰克图创办了一所汉语学校（1831-1861），这所学校直到喀山大学创办汉语教研室（1837）、圣彼得堡大学东方系建立（1855），一直是俄国的汉学中心。他所翻译的《三字经》、四书，撰写的《汉语语法》等书籍，均是这所学校所使用的教材。1848年第十三届传教使团团长卡法罗夫（汉学家）为培训使团成员，所使用的汉语教材中也同样有比丘林于1829年出版的《三字经》。这个读本由于是俄汉对照，因此颇便于教学，19世纪三四十年代一

① 李明滨：《19世纪上半叶的俄国汉学史》，见张西平：《欧美汉学研究的历史与现状》，郑州：大象出版社，2006年，第327页。

直是喀山大学的汉语教材，同时也是50年之后的圣彼得堡大学的教科书。

这本83页的俄版《三字经》在比丘林眼里，并不仅仅是教科书，更重要的是他认为翻译本书的目的是要“使其成为汉学家们的汉语翻译参考手册”。[①]在译者序言中，比丘林指出：“《三字经》是简明的儿童百科全书，由宋朝末年王伯厚（即王应麟）编写。其从阴阳五行、天运四季讲起，接着讲人的行为中的三纲五常……言语简练却内容充实，用语朴素而含义深刻。”[②]比丘林将俄译本的书名定为《中国儿童百科全书》，他试图使这个译本成为书籍翻译的经典范式，并将其内容定位为儿童版的百科全书，其用意是昭然若揭的。

比丘林的努力，无疑获得了成功。他的译本获得了不少掌声，俄国《文学报》1830年第1期（元旦专刊）发表未署名文章，在对其附加中文原文并进行俄文注释上给予高度评价外，重点强调了该译本在学术上具有无可争议的权威性，指出：“亚金夫神父翻译这本书，旨在让它成为俄国人阅读中文翻译的指南，因为书中阐述了中国人的一切思辨，并附有欧洲人感

① 《明清传教士与欧洲汉学》，第407页。

② 李明滨：《19世纪上半叶的俄国汉学史》，载《欧美汉学研究的历史与现状》，第344页。

到陌生的、会妨碍他们阅读其他中国书籍的概念和词语的解释。”[①]这一评价无疑是对比丘林序言的回应与肯定。无疑是说普通读者、学生、翻译家，甚至汉学家均可以通过阅读本书的正文与概念及词语解释而进入到“中国人的一切思辨”。[②]

关于《三字经》的思想内涵，还有两家杂志表达了对比丘林的敬意，也同样表达了对中国这本书的敬意。《莫斯科电讯》（文学评论和社会政治刊物）1829年第24期指出：《三字经》的思想内容，“东方哲学在欧洲人心目中固然（尽管已经）古色古香，但其雄深素朴却令人惊叹不已”。[③]《雅典娜》杂志1830年第1期进一步指出：从《三

① 李明滨：《19世纪上半叶的俄国汉学史》，载《欧美汉学研究的历史与现状》，第344页。

② 同上。《文学报》的这篇评价，不断有人考证文章的作者是诗人普希金。据[苏联]阿列克谢耶夫院士考证：《文学报》1830年1月1日–1831年6月30日的负责人是杰尔雅各，协助编辑的是普希金，本文用语符合普希金的行文习惯，即使不是他撰写的，也当是他编辑的。比丘林与普希金是朋友关系，《三字经》出版后，比丘林赠给普希金一本，《国际汉学》第六辑（大象出版社，2000年）中李明滨透露：“普希金的藏书中，还有一本译者比丘林用铅笔题赠的俄文版《三字经》。封面印有：《三字经》（附石印中文本，亚金夫神父译自中文），铅笔写的题词为：‘亚历山大·谢尔盖耶维奇·普希金惠存，译者赠。’”

③ 李明滨：《19世纪上半叶的俄国汉学史》，载《欧美汉学研究的历史与现状》，第343页。

字经》可以见到 “中国人的德行和智能 ”。[1]指向《三字经》内容的评论，让我们了解到《三字经》已经从封闭的汉语教学课堂走向了更为广阔的学术界、知识界以及普通读者，至少这本书已经征服了这些评论家。比丘林译本的贡献也许正在这里，他让大众开始阅读关于中国的历史、哲学以及知识。这一新突破，让《三字经》回归到了它的本初定义——“三字圣书”，识字与伦理道德的教化以及历史知识的普及是三位一体的。

四、德文《三字经》

德国人进入中国，影响最大的是早期耶稣会士汤若望（Johann Adam Schall von Bell，1591–1666）、邓玉函（Johann Schreck，1576–1630）等，18世纪的戴进贤（Ig-natius Kgler, 1680–1746）以其天文学成就也颇负盛名。19世纪上半时，基督教新教传教士郭士立（Karl Friedrich August Gutzlaff，又译郭实蜡，1803–1851）在华传教20年，写下并出版多达61种中文著作，尤其是德文版《中华帝国历史》更

① 李明滨：《19 世纪上半叶的俄国汉学史》，载《欧美汉学研究的历史与现状》，第 343 页。

是蜚声欧洲。[①]

18世纪来华的德国人中，诺伊曼，即内曼，全名卡尔·弗里德里希（Karl Frledrich Neumann，1793–1870），以下简称诺伊曼，在中德文化交流史上拥有一席之地。诺伊曼生于法国，父母均为犹太人。1718年12月11日法国皇家科学院（今法兰西学院）设置欧洲第一个汉学与满学讲座，首席教授是法国汉学家雷慕沙（Jean Pierre Abel Rémusat, 1788–1832），诺伊曼是其来自德国的学生之一。诺伊曼追随雷慕沙学习汉语后，成为“一个拥有充分有关中国的知识具备充分语言能力并能够胜任翻译工作的中国通”。[②]尽管他也是一位汉学家，但他真正的学术专长是亚美尼亚文。1831年他被慕尼黑大学聘为汉文和亚美尼亚文教授。诺伊曼注重当代史写作，曾撰有《从第一次鸦片战争到北京条约的东亚历

---

① 郭士立著《中华帝国历史》，1836年首先以英文出版，德文版1847年出版，诺伊曼编辑，8开本，VⅢ +912页，斯图加特&图宾根。见《1867年以前来华基督教传教士列传及著作目录》，第70页。郭士立的著作造成颇多中国负面形象影响，他本人“在贩卖鸦片的船上充当翻译，向英国人提供过中国军事实力的决定性情报，并为英国人打开过进口的渠道”。引文见[德]裴古安（Andreas Pigulla）著、韦凌译：《德语地区中国学历史取向起源》，载《德国汉学：历史、发展、人物与视角》，郑州：大象出版社，2005年，第117页。

② 同上，《德国汉学：历史、发展、人物与视角》，第120页。

史》一书，该书以流行于19世纪欧洲的傲慢与狂妄情绪叙述中国与东亚的历史文化与现实，无疑对中国充满了偏见。

在中德文化交流史上，有关诺伊曼的两件事是不得不提及的。一件是他将中国的数部经典译介到了西方，另一件是他1829年来华之后搜集了大批中文书籍，并于1831年运回了德国。[①]在英国传教士、汉学家伟烈亚力（Alexander Wylie，1815–1887）所撰的《中国文献纪略》中列举了诺伊曼的译作，计有：德文本，诺伊曼译自《洛阳伽蓝记》第五册（原文如此），题书名为《由华赴印朝圣的佛徒》，柏林，1833年版；英文本，《靖海氛记》，诺伊曼译，题名《海盗史》，有注释和图表，伦敦，1831年版；德文、中文合刊，《三字经》，伟烈亚力著录《中国青年百科辞典》（*Dieencyclopadiederchine-sischenjugend*），内曼译，收入《中国学堂》（*Lehrsaaldes Mittelreiches*）第19–26页，也收

① [德]鲁毕直（Lutz Bieg）著，胡梵译、罗莹校：《从两大图书馆，到各个汉学系图书馆，再到"虚拟图书馆"》一文记载："根据有关内曼从1830年2月到1831年5月大型重要采购之旅的早期记载（从1830年9月到1831年1月在澳门和广州停留并采购书籍），在这次旅行中他购买了大约6000册中文书籍，其中有2410册被带到柏林，3500册被带到慕尼黑。"带到柏林的书入藏柏林国家图书馆，带到慕尼黑的书入藏慕尼黑国家图书馆。鲁毕直一文载《德国汉学：历史、发展、人物与视角》，第575页。

有中文，慕尼黑，1836版；英文本，《佛门源流录·教理问答》，诺伊曼译自中文，题名《沙门教理问答》，有注释和插图，伦敦，1831年版。[①]从他所译书目可知，他对中国的佛教颇有学术兴趣，也许这一趣味源自他的法国汉语老师雷慕沙。[②]雷慕沙曾译《佛国记》（未完成）、《太上感应篇》（法文，巴黎1816年版），雷慕沙的另一位法国学生儒莲（Stanislas Julien, 1799–1873）曾译《大慈恩寺三藏法师传》《大唐西域记》《道德经》，并法译《太上感应篇》，可见法国汉学对中国的佛教、道教也表达了探索的欲望。由此也可以看出专业汉学家与传教士学术兴趣之不同，诺伊曼的德译《三字经》之有别于其他译本，对《三字经》内容的新发掘意义已不再是多提供了一个国度或一个语种的新译本，更重要的是它从学术眼光提供给读者的来自东方的思想与知识。

---

① [英]伟烈亚力著、马军译：《1867年以前中籍西译要目》，译有《中国文献纪略》，载张西平主编：《国际汉学》，第二十辑，郑州：大象出版社，2010年，第235–257页。

② 劳乃宣(1843–1921)，字季瑄，号玉初，自号矩斋，又称韧叟，曾任清学部副大臣兼京师大学堂总监，古文字学家。尊孔文社的前清遗老还有恭亲王溥伟、军机大臣徐世昌、东三省总督赵尔巽、陕甘总督升允、两江总督周馥等。1914年建尊孔文社藏书楼，收藏中外文书籍3万余册，是青岛第一座现代图书馆。

诺伊曼德译《三字经》就译者身份而言也许是个另类，但德译《三字经》另一位译者卫礼贤的身份则更为复杂，他既是德国新教同善会传教士，又是北京大学、法兰克福大学的教授，同时他还是德国驻北京公使馆科学参赞。

卫礼贤毕业于图宾根福音教神学院，1899年他加入同善会并于当年5月12日抵达中国青岛。同善会，也称“魏玛传教机构”（Weimarer Mission），是由一批具有自由思想的新教徒，1884年在魏玛成立，主张结合研究当地宗教与文化，并通过慈善与文化活动传播基督教伦理。卫礼贤无疑贯彻了这一传教方针。他在经历了义和团的冲击与德国军队的血腥镇压后，创办了“德中神学院”（又称“礼贤书院”）与花之安教会医院，1905年创办了一所三年制的女子小学，1911年辛亥革命后又创办了一所女子师范学校。1913年他与劳乃宣建立尊孔文社。[①]1920年短暂回国后次年又任德国驻北京公使馆参赞。他所倡议的“东方学社”，1921年成立，康有为、梁启超、王国维、罗振玉、沈兼士、辜鸿铭是核心成员。1923年在蔡元培重组北大德语系时卫礼贤被聘为德语

① 雷慕沙，既是法国也是西方第一位专业汉学家。依据傅尔蒙的《汉语论稿》《中国官话》等书自学中文并以一篇中国医学论文获得巴黎大学博士学位。雷慕沙的代表作是《汉文启蒙》，此外还用法文翻译了不少中文书籍，如《玉娇梨》《中国短篇小说集》等。

讲师。1924年他以汉学家的身份返回德国并被聘为法兰克福大学名誉教授（1927年成为正式教授），并于次年以他为中心创建了中国学院，直到1930年3月1日去世，他一直是汉学教授兼同善会教士。

作为一名传教士，卫礼贤所推动的一系列文化活动，加深了中德之间的思想、文化理解，迎合了1871年德意志帝国统一的殖民扩张与一战后德国的思想思潮。作为一名教授，他所主持的法兰克福大学中国学院以及在他帮助下成立的慕尼黑中国学院分院，并由他出版发行的《中德年鉴》，无疑在学术上成为一座座文化桥梁，但他最为突出的贡献是作为一名汉学家、翻译家，让中国经典以及中国哲学及思想在德国掀起阵阵高潮。

1902年，在卫礼贤抵达中国并学习中文的第三年，他在上海的一家德文画报上发表了他的第一篇译作——《三字经》。这是一篇检验他中文学习成绩的练笔之作，与1904年、1905年发表在《传教学和宗教科学》杂志上的《大学》《诗经》《论语》节译属于同样性质。1909年卫礼贤结缘出版家奥伊根·迪德里希斯，[1]开启他与迪德里希斯出版社长达21年的合作，他的译作几乎全部是在这家出版社出版的，俩人约定出版一套卫礼贤所译10册丛书《中国的宗教和哲学》，除1910年先行出版的《论语》单行本外，以后陆续推出《老子》（1911）、《列子》（1911）、《庄子》（1912）、《孟子》（1916）、《易经》（1924）、《吕氏春秋》（1928）、《礼记》（1930）。《论语》及道家三经典的出版使卫礼贤在德国读者中名声大振，导致德国思想界掀起一阵中国热，《老子》译本长时间位于畅销书榜首。而《易经》的出版则确定了卫礼贤不可撼动的汉学家地位，并且让他走向多种语言世界，他的译作一再被翻为其他语种，从而让他成为国际汉学

---

① 奥伊根·迪德里希斯（Eugen Diederichs, 1867–1930），德国出版家，1897 年创办迪德里希斯出版，以振兴宗教思想自由、克服现代理性主义为出版方针，策划出版“各民族的宗教声音”丛书，他本人对中国文化情有独钟。他所创办的出版社在他身后还陆续出版卫礼贤文集《人与存在》（1931）、《东方智慧》（1951）、论文集《变与常——易经的智慧》（1956）、《〈易经〉的真谛》（1973）。1973 年该社推出一套 125 本的“迪德里希斯黄皮书系”，包括新版《易经》《卫礼贤文集》《大同书》（康有为著）等 5 种中国题材的著作。以上见张东书：《两个世界之间的桥梁——卫礼贤和迪德里希斯出版社》，载张西平主编：《国际汉学》第二十辑，郑州：大象出版社，2010 年，第 114–128 页。

名家。[①]

由于一系列中国佛家、道家经典的德译本影响，让卫礼贤成为一名德国与中国公认的“伟大的德意志中国人”，这一称号也许是对卫礼贤的最好纪念，尽管他所翻译的《三字经》并没有产生重大而又深刻的影响。

五、《三字经》西译之动因及其拓展

作为中国经典教育之一部分，《三字经》《千字文》是中国儿童蒙养的初级读物。它们最大的功能是通过诵读而识字，其次才是知识与伦理道德的灌输。传教士们进入中国，无论是耶稣会士还是新教传教士，碰到的最大困难便是识字，他们不止一人抱怨、气馁甚至望而生畏，识字与读音时时困扰着他们。尽管罗明坚、利玛窦通过罗马字母注音的方式逐步解决了发音与方言不同的问题，但识字——寻找“中文之钥”的种种努力最终证明无一不是以失败而告

---

① 卫礼贤德译《易经》1924年出版，战后被译为多种国家文字，1950年译为荷兰语、意大利语，1951年译为英语，1956年译为葡萄牙语，1968年译为法语，1969年译为西班牙语。见[德]吴素乐著、任仲伟译：《卫礼贤——传教士、翻译家和文化诠释者》，载任继愈主编：《国际汉学》第十二辑，郑州：大象出版社，2005年，第29页。

终。因此，他们不得不返身回到原点，乖乖地重新回到汉语老师冬烘先生的身边，用中国传统的童蒙学习方法解决识字问题。《三字经》之所以被屡屡译成不同之西文，这是最根本的原因。

汉字的常用字约2500个，《三字经》（1200字）、《百家姓》（400字）、《千字文》（1000字）大约能提供2000字，基本上可以解决一般阅读问题。17世纪的汉学家马若瑟（Joseph de Prémare, 1666–1735）认为“识四五千汉字即可通行无阻”。[①]19世纪晚清中国通丁韪良（William Alex- ander Persons Martin, 1827–1916）则认为使用频率最高的汉字只有2000多个，因此他编写了一册识字教材——《认字新法常字双千》。[②]从以上的识字背景材料分析，中国传统蒙学教育之所以长盛不衰，历史事实证明是行之有效的。因此，从16世纪末的罗明坚到18世纪的俄国传教士罗索欣、列昂季耶

① 马若瑟，法国人，对中国语言文字、文学颇有研究，著有《六书析义》《汉语札记》等书，所译元曲《赵氏孤儿》，对法国文坛颇有影响。

② 丁韪良，字冠西，美国北长老会教士。1850来华，1858年任美国首任驻华公使列卫廉翻译，1869年任同文馆总教习，1898年任京师大学堂总教习，著有《中国人：他们的教育、哲学和文学》《天通溯源》等。

夫、比丘林，他们所译的《三字经》，其最初本又都是为了识字之所需。罗索欣最为典型，1741年他在科学院满汉学校教授汉语时，首先让学生背诵《三字经》《千字文》《四书》，并探索学习试译其中的篇章以巩固学习效果。19世纪上半叶马礼逊、裨治文英译的《三字经》也毫不例外地是为教学服务的。19世纪中叶的美部会传教士夏查理（Charles Hartwell, 1825–1905）也主张："在初级学校可以教《三字经》《千字文》和《幼学须知》，在更高的学校可以学习四书、《诗经》《尚书》和《春秋》等。"[①]1859年罗存德（W. Lobscheid, 1822–1893）在《香港华人教育与官立学校笔记》一文中，对当时的学校课程内容研究后，发现当时学校课程主要有三点：中国本土课程、外国人编写的中文课本、英文课本，其中"中国本土课程，主要有《幼学》《三字经》《千字文》、四书、五经、古文等"。[②]直到20

---

① 夏查理，美国公理会教士，1853年来华，在福州传教50年，曾译有福建方言《新约》（合译）。引文见胡卫清：《晚清基督教中等学校课程研究》，载《基督教与中国近代中等教育》，上海：上海人民出版社，2007年，第29页。

② 罗存德，英国人，德国礼贤会教士，1848年抵香港，后转广州传教行医。引文见夏泉：《明清基督教教会教育与粤港澳社会》，第283页。

世纪初，在一册教会学校教育手册中我们还可以找到《三字经》的书名，“在小学或初级教育阶段一般以读《三字经》《幼学群芳》等童蒙读物为主，而在中级和高级阶段则要学习《左传》《论语》《孟子》《大学》《中庸》《礼记》等课程”。[①]我们无法确证20世纪初马礼逊所译《三字经》是否用于“德中神学院”的课堂教学，但至少可以认为这个译本是他学习认识汉字的基础练习。进入20世纪，《三字经》便极少西译外语，这也可以印证新式教科书的冲击，它的识字功能退化之后，国外人很快也就少有问津了。胡卫清在《晚清基督中等学校课程研究》一文中指出：“值得注意的是，在清末一些教会学校已经完全采用新式的语文教科书，如王亨统的《蒙学捷径》初编和二编，这说明新式的语文教育书籍已经开始取代经典教育，而经典教育的沦落已是不可避免之趋势。”[②]这一结论也同样为《三字经》的西译之路画上了句号。时代使然，一本书的命运是任何人都无法扭转的。

《三字经》不仅仅是识字之工具，它的内容包括“天人性命之微，地理山川之奇，历代帝王之统绪，诸子百家之

① 《基督教与中国近代中等教育》，第30页。

② 同上，第32页。

原由”，它融伦理道德之教育、哲学经典之思想、天文地理之知识、历史兴衰之撮要、励志成功之案例于一体，将它视为缩微版的百科全书实不为过。因此，将它作为识字工具的同时，还可以用为初识中国之研究工具，最早认识到这一点并研究它的是俄国汉学家比丘林，其后还有法国汉学家儒莲以及德国汉学家诺伊曼。

比丘林将《三字经》俄译书名定为《中国儿童百科全书》可谓得其书魂、得其真髓、得其精要。他不仅写了学术性的研究前言，还附上中文原文，《文学报》的评论家中对这一点无比赞赏，文章说：“这样，所有真懂和假懂中文的人皆可将译本与原文核对比较，说话不再是不假思索地胡乱猜测，而是根据事物的实质，很明显的、无可争议的证据，即凭手中的两种文本。”[①]最能体现比丘林汉学家本色的是他结合俄国学者以及普通读者的阅读需求，甚至兼顾到了“欧洲人感到陌生的”概念与词语作了注解，以帮助读者进一步理解。如“昔孟母，择邻处，子不学，断机杼”，比丘林解释为“中国古代哲学家孟子及其母亲的故事”，与俄

① 李明滨：《19世纪上半叶的俄国汉学史》，载张西平编：《欧美汉学研究的历史与现状》，第344页。

国俗语“择友而处，择邻而居”的道理相仿。[1]诸如此类的解释实际上也是作为汉学家的比丘林对中国文化研究与理解的学术成果之一部分。

法国汉学家儒莲与德国汉学家诺伊曼同为雷慕沙的学生，他们两人的译本一为英文、一为德文，但都附有中文原文。儒莲是法国汉学的第二代传人，是个自视甚高并的确做出过非凡学术贡献的汉学家。中国近代出版家王韬曾称赞他：“在国中译习我邦语言文字，将四十年。于经史子集，靡不穷披遍贤。”王韬对他所译中文典籍十分推崇，称赏他“所译《太上感应篇》《蚕桑辑要》、老子《道德经》《景德镇陶录》，钩疑抉要，襞责条分，骎骎乎登大雅之堂，入述作之林矣。癸申以来，潜心内典，考索禅宗，所译如《大慈恩寺三藏法师传》《大唐西域记》，精深详博，殆罕比伦。”[2]王韬之论，可以代表儒莲之汉学成就已经征服了他同时代的中国人。儒莲对道教、佛教所谓内典颇有研究外，他对中国文学的关注与翻译更是他一生之自豪。他曾将《白蛇精记》（1834）、《行乐图》（1834）、《赵氏孤

① 李明滨：《19世纪上半叶的俄国汉学史》，载张西平编：《欧美汉学研究的历史与现状》，第344页。

② 莫东寅：《汉学发达史》，郑州：大象出版社，2006年，第71页。

儿》（1834）、《刘小官雌雄兄弟》（1859）、《灰阑记》（1859）、《玉娇梨》（1864）、《平山冷燕》（1860）等译成法文，这些作品为法国文学界揭开了中国戏剧与小说的神秘面纱。他用拉丁文、满文、中文合刊形式所出版的《孟子》是他早年对儒家思想探讨的见证，而他所出版的英语《三字经》则是他晚年对儒家学说的新认识，他在本书中除收中文原文外还附收214个汉字部首表，由此可知，这个译本也许是他在法兰西学院讲授汉语课程时教学用书，但也可以认为是他后期研究儒家学说的心得之作。

德国的诺伊曼严格说来应是东方学者兼汉学家，他在慕尼黑大学的教授席位名称十分冗长："普通文学史、汉语及亚美尼亚语言和文学以及普通地理学和民族学教授"。[①]诺伊曼1831年至1832年在慕尼黑大学开设讲座讲授汉语，期间有所停顿，但自1838年起他的工作重点放在了教授中文上。而他所译的《三字经》1836年出版于慕尼黑，我们认为这个译本当是他1831年自中国返回后在慕尼黑完成的，《三字经》的内容无论是从识字角度还是讲解简明中国知识角度，都应是比较理想的讲座主题。

---

① 《从两大图书馆，到各个汉学系图书馆，再到"虚拟图书馆"》，载《德国汉学：历史、发展、人物与视角》，第 573—574 页。

《三字经》的西译，因为三位汉学家的介入，从而赋予了《三字经》学术研究色彩。这一转变，让我们意识到，《三字经》在西方汉学家的笔下或者口中，已演变为介绍与研究中国的另一把工具。也许，这才是13世纪创作《三字经》的作者——王应麟的真正初衷。也许，这一观点过于武断，19世纪的新教传教士可能更认同另一个观点——作为一种简明韵语表现形式，它更适合借鉴与拓展为传教之工具。

韵语是激发兴趣与强化记忆的最佳工具，中国的蒙学课本几乎都是韵语句式。用三言、四言句式，将多达数百甚至上千个不重复的单字编写成朗朗上口、充满趣味和富有哲理的知识读物，作为童蒙课本教学与识字，这是中国人的创造。西方传教士进入中国学习汉字与语言，尽管都是成年人，但他们的学习方法依然是从中国的童蒙读物开始的。学习常用字，用韵语形式强化记忆直到19世纪下半叶还是传教士学习中文的基本方法。丁韪良在1862年编写的供新老传教士学习的识字教材《认字新法常字双千》（1863年版、1897年修订版）模仿的依然是《三字经》《千字文》的思路，用四字一组韵语法将2000个汉字编排到一起。他个人认为“熟习中文没有绝对的捷径”，他自认为这本韵书：一是“为学生精确地提供了他需要掌握的那些字”，二是这种编韵方式

“让这些字能入眼且过目不忘”。[1]

我们已经知道，《三字经》《千字文》的功能不仅仅是识字，它的内容充满了昂扬向上的儒家精神，这种带有布道传教意味的课本让传教士们充分领略到儒家思想灌输的别致与行之有效。基督教新教入华后不久，在他们所创办的学校中，就有人意识到充满儒家思想的类似《三字经》式的中国传统童蒙课本对传播基督教思想是种威胁与抵触。但在华人心中，《三字经》《千字文》却又是根深蒂固的，它们是心灵、精神与文化识别的最坚韧的象征。自然而然，穿梭于华人之间的传教士们便想到了借《三字经》之壳行基督思想之实。因此，马礼逊的同道麦都思自19世纪20年代初，就开始模仿《三字经》编写基督教内容版的“三字经”。麦都思山寨版的《三字经》仍然以文言写成，三字一组，押韵合辙，但他所叙述的内容都是基督教的历史与“福音”以及他认为的真理。麦都思的基督教《三字经》1823年首版于巴达维亚（今雅加达），这个只有17页的小册一经问世，便广受欢迎。华人听到了自己所熟悉的韵体，而传教士们也找到了一条“用明白易懂的语言表述基督教的部分原理”的捷径。

① 丁韪良：《认字新法常字双千》，上海：上海美华书馆再版序，1897年。

深受成功鼓舞的麦都思，1828年又重新修订，并在巴达维亚再次出版，这一版本于1832年在马六甲重版。1839年新加坡又重新刻版成小开本再次推向市场。1843年麦都思基督教《三字经》进入香港，这是一个重新雕版的再次修订本，这个雕版的板片被运到伦敦，是为了方便机械印刷，1846年浇成了铅版，这样就可以上机印刷了，由此我们也可以分析出当时这本书的畅销。

伟烈亚力在19世纪记述了麦都思基督教《三字经》在中国内地的版本情况："1845年上海的印刷所（墨海书馆）出版了一个新的本子，1848年该印刷所用铅版重印此本。同年宁波的华花圣经书房重印此书，开本较小。经麦都思对此书进行了全面彻底的修订后，1851年在上海出版，第二年在香港和厦门出版，1856年在上海再版。这部作品还有若干注解本，其中一种是由作者本人所注，名为《三字经注解》，共43页；另一种于1847年出现在宁波，名为《三字经注释》，共16页，这一版本的修订本最近亦由华花圣经书房出版，共17页，有插图，名《绣像真理三字经注释》。"[①]麦氏《三字经》一版再版的史实，证明传教士的这一尝试无疑是成功的。

---

① 《1867年以前来华基督教传教士列传及著作目录》，第34页。

历史还证明，麦氏《三字经》及模仿麦氏的其他版《三字经》大量被用作教会学校的中文课本。罗存德1859年在《香港华人教育与官立学校笔记》一文中说："外国人编写的中文课本，主要有新约、慕维廉地理、慕维廉英国史、《圣经》中记载的历史、基督教《三字经》、十诫等。"[①]实际上，教会学校开设基督教《三字经》，已是普遍现象。卫三畏说，到19世纪80年代，"已有上千种以（《三字经》）同样风格和同样名称写的含有基督教真理的宣教册在中国的教会学校中使用，并取得了较好的效果"。[②]这一结论，E. S.罗斯基（Evelyn S. Rawski）可以证明，他将哈佛—燕京图书馆中的美国公理会中文收藏部所藏的各种版本的《三字经》分成了五类："伦敦会传教士麦都思1823–1855年间出版的各种版本的《三字经》；S. M.利特尔于1832年出版的《训女三字经》；美国公理会传教士富善1865年出版的《三字经注释》；美国公理会传教士夏查理于1870–1913年间出版的各种版本的《圣教三字经》；美国公理会传教士白

① 《明清基督教教会教育与粤港澳社会》，第283页。

② S.W.Williams:Chinese Kingdom, Vo1.I.p. 530，引自王文兵：《丁韪良与中国》，北京：外语教学与研究出版社，2008年，第376—377页。

汉理1875年出版的《三字经》。"[1]以上的书目已经很长，但当代中国学者仍有补充，胡卫清说："这并不是传教士所编的全部的'三字经'，就笔者所知，至少还有美国浸礼会真神堂的传教士叔士在1848年出版的《三字经》，德国礼贤会传教士罗存德1857年为麦都思《三字经》作注而出版的《麦氏三字经》，美国长老会传教士R. 劳里用上海土白话编写的《三字经》，其中杨格非编写的《真理便读三字经》广受欢迎，许多学校都采用此书。"[2]不过，以上的目录肯定也是不全的，1863年上海出版过一个无插图的16页的《真理三字经注释》；1860年上海方言版基督教《三字经》；1904年有注明为"彭邑迂拙老人著"的英译《华英三字经》；1902年版以西方科学为内容的《西学三字经》。[3]此

---

① Evelyn S.Rawski, "Elementary Education in the Miss on Enterprise", in Suzanne Wilson Barnett and John King Fairbanked., Christianity in China, Mass: Harvard University Press, 1985, p. 146. 引自胡卫清：《晚清基督教中等课程研究》，载《基督教与中国近代中等教育》，第5页。

② 同上。

③ [法]伯希和编、[日]高田时雄校订补编、郭可译：《梵蒂冈图书馆所藏汉籍目录》北京中华书局，2006年，第153页，《华英三字经》，"带英译的《三字经》，彭邑迂拙老人著，每个汉字旁边都有英文注解"；第154页，"《西学三字经》，以三字经的形式编写的西方科学书"。

外，甚至还有受其鼓舞的佛教版、伊基兰教版《三字经》，分别为1872年慧空经房版《释教三字经》、1885年宝真堂版《天方三字经》。[①]中文《三字经》引来如此众多的模仿者，其文化魅力不得不让我们惊叹，尽管现在已是21世纪。

下面让我们对比一下儒家版与基督教版《三字经》。杨格非《真理便读三字经》首句为“大造主，即上帝，帝是谁，听仔细，天与地，人与物，皆上帝，亲造出”[②]；王应麟《三字经》首句为“人之初，性本善，性相近，习相远，苟不教，性乃迁，教之道，贵以专”。两者之间的蕴涵、韵味与文化差异，已经自不待言。任何企图取而代之的文化欲望，历史已经证明，几乎都是不可能的幻妄而已。

罗斯基对哈佛—燕京图书馆藏的1832–1913年间出版的基督教《三字经》分类研究后，得出的最后结论是：“这些基督教的《三字经》虽然较长，但教的字数却并不比中文

① 同上。第138页，“《释教三字经》，以三字经形式撰写的佛教书，吹万老人著，同治壬申（1872）慧空经房藏板”。第149页，“《天方三字经》，三字经形式写成的伊斯兰教义书，西蜀余海亭释译，宝真堂藏板，光绪十一年（1885）重刊本”。

② Evelyn S. Rawski, “Elementary Education in the Mission Enterprise” ,in Suzanne Wilson Barnett and John King Fair banked., Christianity in China, Mass: Harvard University Press,1985,p.146. 引自胡卫清：《晚清基督教中等课程研究》，载《基督教与中国近代中等教育》，第5页。

《三字经》多多少，这些《三字经》宣传册并非真正是想用于服务于初学者识字的需要，而且基督教《三字经》与中文《三字经》的用字重合率较低，因而基督教的《三字经》并非中国《三字经》的理想替代物。”[①]这一结论也即将为本文画上句号，任何结论都有可能不是最后的结论，但有一点是明确的，任何思想文本的互译与模仿，都不可能形成替代的置换关系，文化与思想只有在交流中，才能形成理解、才能互取营养、才能最终升华为一种新的文化生命体，从而鼓励人类——不同的文化群体——共同向上。

---

① 《丁韪良与中国》，第377页。